心にして大繁盛店になっています。

（このような表現をすると怒られちゃいそうですが……。Kさん、皆さん、ごめんなさい。そうはいっても、きちんといい素材を選んでいますし、きちんと調理をして、質の高いサービスの商売をしています。あくまでも、品質において〝圧倒的〟にすごいわけではないのに、圧倒的な繁盛店になっているということです）

クチコミに関して、誤解をしている人は意外に多いものです。

「おいしいもの（品質の高いもの）を提供していれば、お客さまはクチコミをしてくれる」

「いい商品・いいサービスをしていれば、お客さまはクチコミをしてくれる」

こんなふうに思い込んでいる（いや、思い込もうとしている）人がいまだに多いのです。

しかし一方で、多くの人は、もういい加減気づいているでしょう。

これは、単なる「妄想」です。信じていたいだけの「願望」かもしれません。もちろん、品質が圧倒的に高いことでクチコミになることはありますし、品質が低くて、悪いクチコミが生まれてしまうこともあります。品質もクチコミにはなり得るのですが、それは「圧倒的」

であった場合だけです。「ちょっといい」くらいではクチコミは起きないのです。

では、クチコミは、どんな時に起こるのでしょうか？

大事なことは、**「品質以外」**の部分にありました。

それに気づかないと、クチコミはいつまで待ったって生まれません。

そうです。クチコミは「待って」いても生まれないのです！

クチコミは、「しかける」ことで生まれるもの。

クチコミとは、「スイッチ」を押すことで、お客さまから自然と生まれるものなのです。

そうです。スイッチがあるのです。それをきちんと押すことができれば、クチコミが生まれる可能性はグンと上がるのです。

私の前著『お客さまの記憶に残るお店のリピーターをつくる35のスイッチ』（同文舘出版）では、リピーターをつくるためのスイッチを35個紹介しました。おかげさまで、たくさんの方にご評価いただいています。人には、押すことで自然と行動を起こしてしまうスイッチがあるのです。本書のテーマは「クチコミ」ですので、お客さまが「クチコミをする」という行動を促すスイッチを35個紹介していきます。

ただし、ちょっとご注意を。

一部の天才は、ひらめきのアイデアで大きなクチコミを生み出したり、その道のトッププロは、圧倒的な品質でクチコミを生み出したりします。憧れる存在ではありますが、本書では、それを目指してはいません。なぜなら、同じようなことができる人は限られているからです。このような特別な方法はだれにでもできることではないのです。

また、誤解のないようお伝えしておきますと、本書で目指すクチコミは、自動的に全国規模に広がっていくようなものではありません。少し前に「ＡＬＳアイス・バケツ・チャレンジ」なるものが、全世界でとてつもないスピードで広がっていきましたが、あのような現象を目指すものではありません。

そうではなく、**「一人のお客さまが、一人の知人についつい話してしまったり」**、**「Facebookやブログなどに気軽に投稿してしまう」**ようなものを指します。

なので、社会現象を起こすほどのクチコミをつくりたい方には、残念ですが、本書ではその期待に沿えません。申し訳ありません。

「小さくてもいいから、着実にクチコミを広げたい」という方には、これまでの本にはない充実した内容をお伝えできますので、ご期待ください。

また、本書では、**工夫すれば「だれでもできる」**ことを目指しています。

「圧倒的な品質」がなくても、「天才的なひらめき」がなくても、クチコミを生み出す。「だれでも」「何度でも」「いろいろなパターンで」クチコミを生み出す。それが「クチコミスイッチ」なのです。

それなら、できそうですか？

きっとできます！　あなたのお店でもできますよ！

少しでも可能性を感じてくださったら、まずはとことん本書のことを信じてください。あなた自身のことも信じてください。必ず、クチコミを生み出せます!!

心が動くスイッチというのは、人によって大きく異なるものではありません。もちろん若干の違いはあれど、同じ人間ですから大きな部分は同じです。

時代によってもそうそう変わるものではありません。自然と動き出すスイッチを押さえておけば、時代が変わっても、生活環境が変わっても応用できるものです。

1章ではクチコミ販促において、どうしても外せないこととして、「人はなぜ話すのか？」という点に注目してください。分析をしたところ「4つの欲求」が見つかりました。また、「人はどんなことを話すのか？」という点では「3：1」という割合が発見できました。これを押さえているかどうかで、クチコミの成功率は大きく変わります。

2章からはさっそく具体的なクチコミスイッチです。2章では「会話の入り口をつくるスイッチ」を15個、3章では「来店・購入に直結するスイッチ」を11個収録しました。さらに4章では別の視点から「しくみで広がるスイッチ」を9個収録しました。

全部で35個のスイッチです。そのうち1つでも実践できれば、本書の元は十二分にとれるはず。ぜひ、まずは1つ、試したいスイッチを見つけてください。

ではいよいよスタートです。

クチコミスイッチでクチコミ販促をはじめていきましょう。

『お客さまがお店のことを話したくなる！ クチコミ販促35のスイッチ』 目次

はじめに

1章 クチコミは狙ってつくろう！

2章 「会話の入り口」をつくるクチコミスイッチ

3章 「来店・購入」に直結するクチコミスイッチ

4章 「しくみ」で広がるクチコミスイッチ

カバーデザイン　高橋明香（おかっぱ製作所）
本文デザイン・ＤＴＰ　マーリンクレイン

1章

クチコミは狙ってつくろう！

1 隠れている「クチコミスイッチ」を探そう！

お客さまが、あなたのお店についてこんなクチコミを広げてくれたとしたら、うれしいですか？

「すごくおいしいのに、こんなに安い！」
「このお店、すごくいいよ〜」

うれしいですよね？　こんなふうに言ってもらえたら。たしかにうれしいです。
しかし、このクチコミを期待している方にとっては、とても〝残念〟なお知らせがあります。
お客さまは、このようなクチコミはめったに「話さない」のです（その理由やデータは後ほど紹介します）。

お客さまは、自分の心のおもむくままに行動します。お店の思うようになんて動いてくれません。先のようなクチコミは、お店の人がしてほしいだけであって、お客さまがしたいことではありません。だから、お客さまは話さないのです。

では、どんなクチコミなら起こりやすいのでしょうか？

これを知らないことには、はじまりません。まずはこれを解明しましょう。

「頑張っていればお客さまは来てくれる」「努力していればクチコミは広がっていく」というのは空想です。他店に負けず努力していて技術が高くても、売上の上がらないお店はいくらでもあります。逆に、品質自体はそこまで高くないお店でも、お客さまがクチコミを広げていくことがあるのも現実です。悔しくても、残念でも腹が立っても、それが現実です。

では、どうして、そんなことが起きるのでしょうか？

それは、その**お店がクチコミの「スイッチ」を押しているから**です。

スイッチには、意図的に押されたものもあれば、努力する経過で偶然に押したものもあるでしょう。ただ、何らかのきっかけでスイッチを押したことだけは間違いありません。

クチコミが起きる時には、必ず「クチコミスイッチ」が隠れています。本書を通して35個のスイッチを明らかにしていきましょう。

2 レッツ！「クチコミ販促」 本書の構成と目的

本書には、生の事例をたっぷりと詰め込んでいます。

私自身が工夫して実践して成果を上げたスイッチや、仕事のパートナーと一緒にアイデアを練り上げて実践して発見したスイッチ、また、知人の商売人から教わったスイッチ、社会で広がっているクチコミを分析したスイッチなどがあります。

実際にクチコミの効果が上がったものばかりですので、それぞれの事例を読むだけでも刺激になると思います。しかし注意してください。事例はあくまでも事例です。そのままマネしても「あなたらしさ」は生まれません。私としてはやはり、**商売人は「自分らしさ、自店ならではの魅力」を通して売上を上げてほしい**と願っています。そうでないと短期的にはうまくいったとしても長くは続きませんから。

ですから、本書では事例を紹介するだけではなく、**だれでも再現できる**ように「スイッチ」と「お題」を項目の最後にまとめています。さらにクチコミが起こる「理由と原理」についても、できるだけ噛み砕いて解説します。これを押さえておけば、時代が変わっても応用できるはずです。

本書で取り扱うスイッチには、大きく2種類あります。1つは**「お客さまの心が動いて、だれかに話したくなるスイッチ」**、もう1つは**「心がとくに動かなくても、自動的に広がっていく仕組みのスイッチ」**です。

「お客さまの心が動いて、だれかに話したくなるスイッチ」は、さらに2つに分かれます。

1つ目は**「会話の入り口をつくるスイッチ」**です。これはお店のことを話題にあげてもらうことが目的なので、それだけでは来店までは結びつきません。ですから、会話の入り口が開かれた時に、「それ食べたい」「そこ行ってみたい」という情報も追加で必要です。そういう記憶がお客さまの頭の中に具体的に残っていなければいけません。

2つ目は、**「来店・購入に直結するスイッチ」**です。こちらはクチコミの話の中に、お店の魅力や来店する理由、買う理由が含まれているので、クチコミが起きただけで来店の可能性が生まれるものです。

本書を読み進めていくと、「これは、今すぐやりたい！」と思うこともあるでしょう。その時には、無理して次の項目に進まずに、その場でアイデアを練ってみてください。アイデアには「熱」も大事ですから。

また、アイデアというのは自分の中だけでなく、自分の外にある情報と触れ合うことで、刺激になって新しいものが生まれます。ぜひお店のミーティングでも活用して、スタッフみんなでアイデアづくりをしていただけるとうれしいです。

そして、本書では、次の5つのことを目的にしています。

① 売上の上がるクチコミを生み出すこと
② 大きな社会現象ではなく、一人に伝えたくなる「小さなクチコミ」を生み出すこと
③ まず「会話の入り口」を生み出すこと
④ SNSなどの個人の発信媒体で、情報が拡散されること
⑤ しくみで自動的に広がるクチコミを生み出すこと

もしあなたが、これらのうち1つでも実現したいものがあれば、きっと本書はお役に立てます。

3 たまたま⁉ いや、クチコミは「運」ではなかった！

私がクチコミのスイッチに初めて気がついたのは、2冊目の著書を出版させていただいた時でした。本を出版した時には献本ということを行ないます。お世話になっている方やメディア関係者さん、さらに評論家さんなどに、日頃のお礼や報告を含めて1冊ずつ送ることです。もちろん、本の紹介をしていただきたいという願いもきちんと込めて行ないます。

数日かけて、お一人ずつ、1冊ずつ梱包して送っていると、途中で「ある現象」に気づきました。

予想とは違うタイミング、予想とは違う内容で紹介してくれる方がいたのです。「あれ？」と意外に思っていると、同じような現象が何人も続きました。

「これは……！」

1つ目のクチコミスイッチに気づいた瞬間でした。

その時点では、この1つしか知りませんでしたし、「クチコミのスイッチはたくさんあるのでは？」という発想もありませんでした。そして翌年、3冊目の書籍を出版できることになりました。本が出来上がって献本する際、私は昨年のことをよく思い出し、昨年と同じ工夫をして献本することにしました。

すると、結果は同じ。

今回は、「予想したタイミング」「予想した内容」で紹介してくれる方が相次ぎました。やはりスイッチは正しかったのです。

私はちょっとした「工夫」をしました。何をしたかというと、左ページの写真の通りです。1冊ずつ、数項目に「ふせん」を貼り、さらに表紙には「ふせんページは私のお気に入り項目です。よければ注目してください」と書いたのです。

こうして送ると、受け取った方は「眞喜屋さんから新刊が届きました」と紹介しながら多くの場合、こう付け加えてくれます。「わざわざ、ふせんまでつけてくれて」と。

そのような紹介がFacebook上で見られました。まだ読む前なのにです。

とてもうれしいのと同時に、「これはクチコミのスイッチだ！」と確信し、こうしたスイッチは他にもあるのではと発想するようにもなりました。

（本当はこのスイッチの事例はあまり書きたくなかったのです。今回の本も献本しますので

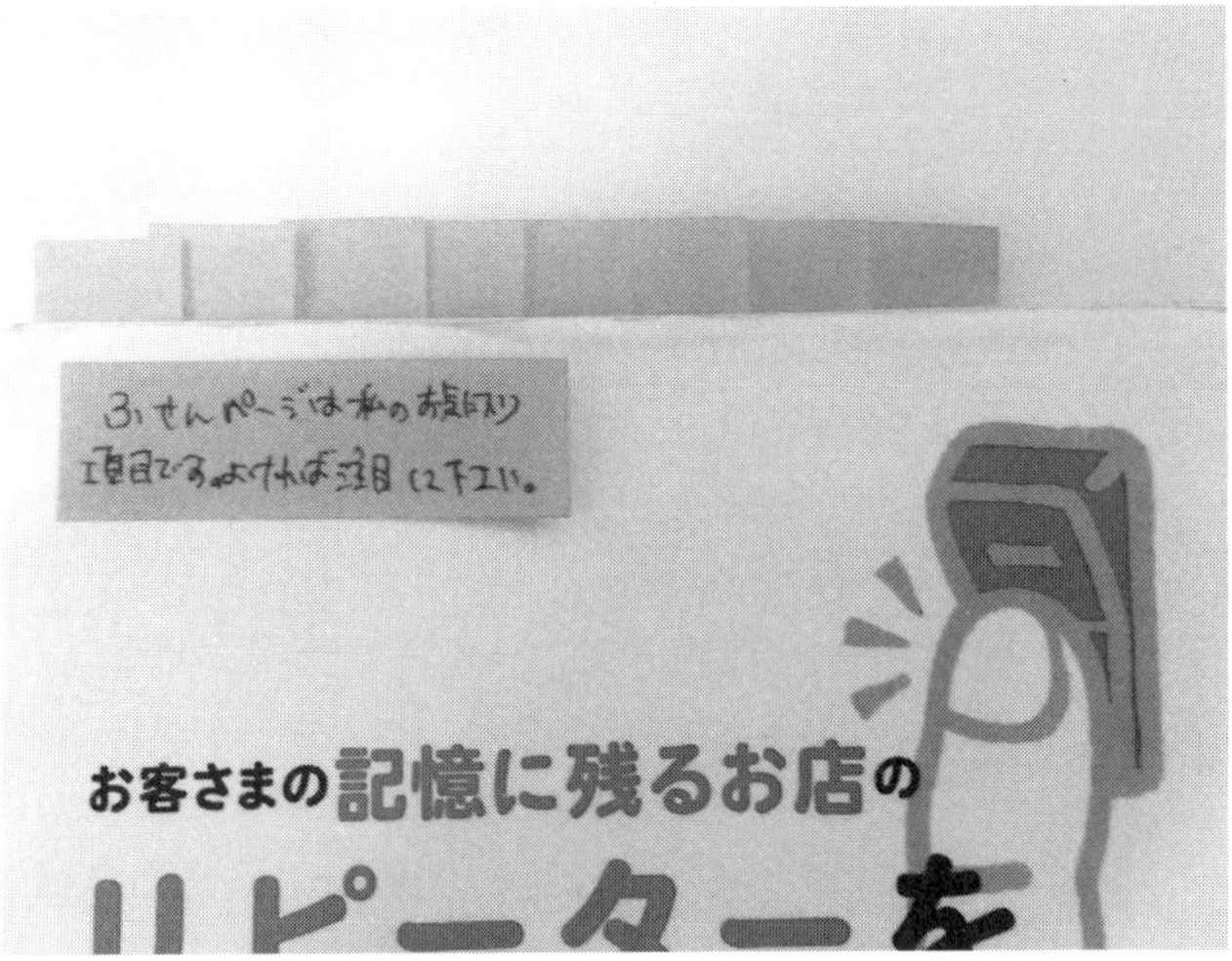

……。しかし、私がクチコミスイッチについて気づいた最初の事例ですので、外すわけにもいきませんでした）

ここでわかったことは、「クチコミは運ではなかった」ということです。

「スイッチ」を押そうとしたからこそ、スイッチを押された人は自然と行動を起こしてしまう。そういうものなのです。

商売において、努力や運はとても大事です。しかし、クチコミに関していうならば、大事なのは努力ではありません。運でもありません。スイッチを押すことなのです。そのための工夫が必要となります。

4 スマホが「クチコミ販促」時代を拓いていく

総務省のデータを見ると、情報量がとてつもない勢いで増えていることがわかります。

少し前のデータではありますが、我われが知っておくべき概念は十分にわかります。**平成21年におけるインターネット上の情報流通量は、平成13年の71・7倍**にもなっているそうです。それは今やもっと大きな数字になっていることは容易に想像できることです（http://www.soumu.go.jp/main_content/000124276.pdf）。

71・7倍です！　とてつもない数字です。また、消費情報量というデータもあるそうで、これは我われが消費者として意識して受信した情報量とのことです。こちらも同期間で2・3倍と上がっているものの、流通量にとてもかないません。

それにしても、我われが日々意識して受け取っている情報量も、数年前に比べると2倍以上に増えているのです。これでは情報疲れもしてしまいます。

このような情報量の増加を考えると、「お店がすべき販促方法も変えないといけない」と意識せざるを得ませんし、次のことを考えておかなくてはなりません。

□受け取ってもらえない情報量が、ますます増えていく

インターネットには、だれでもほぼ無料で情報をアップできますし、スマホの所有率も上がっていますから、今後も情報量は増すでしょう。しかし、人が受け取れる情報量には限りがあります。するとどうしたって、受け取られない情報が増していきます。せっかくアップしてもだれにも見てもらえない情報が増えていくということです。

□消費者は、必要な情報以外には目を向けなくなる

情報量が増えれば増えるほど、消費者にとっても不要な情報が増えることになります。するとどうなるでしょうか？　不要な情報はシャットアウトするようになります。見たくもないものに時間をかけている暇などありませんから。

こういった状況から、今までと同じ販促をしていてはダメだとわかります。だからこそ、これからは「クチコミ販促」がますます重要になるのです。

これからの時代、お客さまが情報源としてチェックするものは何でしょうか？

それは**「信頼できる人・媒体」が発信する情報です。知人や友人、また信頼できる人物（著名人やメディアも含めて）の情報**です。

尊敬する人物が発信しているブログやメルマガ、身近な知人や友人が投稿するＳＮＳの情報、また信頼していたり好きなメディアの情報です。

これからの消費者は、不要な情報を避けるために、こういった情報源をさらに活用していくことでしょう。ここを見逃してはいけません。ここに乗れないとこれからの販促、集客はより一層厳しくなります。

そして、この情報に乗ることが「クチコミ販促」なのです。お客さまの来店数、売上に直結します。クチコミの技術はこれからの販促には必須なのです。

ただ、今まではクチコミの技術を「技術」としてまとめた本は多くはありませんでした。大きな社会現象を分析して、再現を試みるための本や、いいものをていねいにつくって、「真心」を大切にしてクチコミを生むという主旨の本はありました。また、技術的にまとまっているけれど、スマホ時代より前につくられた本だったりします。残念ながら、これからの時代を生き抜くために必要なクチコミ販促の本はまだないようです。

ということは、まだ、技術としてクチコミ販促を実践できているお店は多くない！ といえます。

いち早く実践すれば、ライバルと差をつけられるということです。

これからの時代に必須のクチコミ販促の技術。

これから先、もっと進化していくかもしれません。ですが、本書で扱うクチコミスイッチは、お客さまの「心の動き」や「行動する原理」を踏まえたものなので、何年たっても応用が可能なものばかりです。ぜひ、本書と共に、一歩先のクチコミ販促を生み出してください。

5 イチバンはやっぱり「自分」。人は、なぜ話すのか。何を話すのか

人がクチコミをする原理について考えてみましょう。

まず大切なのは、**お客さま自身は、「今、私はクチコミをしているんだぞ」という意識は持っていないこと**。当たり前のことですが、この認識はとても大事です。

お客さまは自分が話したいことを話します。その話題の中に、お店や商品のことが出てくればクチコミといわれるのです。ならば、大切なのはクチコミの原理というよりは、お客さまが「何を話すのか」ということになります。

私が独自に調べたデータがあります。Facebook の投稿について、ある一定のタイミングで300件ほど抜き出し、どんな内容が書かれているのか分類してみました。Facebook は人が思い思いに投稿するもので、ひとつのクチコミの媒体です（人の会話を通して伝わっていくクチコミは見えないもので、データとして調べることができません。しかし、Facebook は「見えるクチコミ」なので、分析するにはとてもわかりやすいツールです）。

例えば、このような内容が書き込まれています。

「久しぶりに○○家（ラーメン屋）に来ています」「おはようございます！　今朝は風が強いですが……」「ブログを更新しました」「おつまみをつくってみました」「このPOP面白いです！」「○○社からお詫び状が来た。どうなのよ、これ」「この本すごく面白い！　おススメです」「台風は○○だそうです。お気をつけください」

よく見かけるような内容かと思います。とくに珍しくもない、ごく普通の投稿でしょう。

こういった投稿を300件続けて見ていくと、いくつかのグループに分類できてきます。

例えば、「久しぶりに○○家に来ています」や「おはようございます！　今朝は風が強いですが……」といった項目。これらは**「自分の近況」**をつぶやく内容です。

次に「ブログを更新しました」や「おつまみをつくってみました」という項目。これらも自分の近況の一種ですが、さらに少し突っ込んだものです。自分の考えを表現したり、自分がつくった物など、**「自分自身を通して生まれたもの」**を伝えています。

次に「このPOP面白いです！」や「○○社からお詫び状が来た。どうなのよ、これ」。これらは、投稿した人の**「心が動かされたもの」**や、**「体験したエピソード」**です。

もうひとつ、「この本すごく面白い！　おススメです」や「台風は○○だそうです。お気をつけください」といったものもあります。これは、自分自身のことではなく、**「他人のための情報」**になりますそれで、です。これら300件を分類する中で気づいたことがあります。どうも**「自分のこと」について投稿している人が多い**のです。

「久しぶりに○○家に来ています」「おはようございます！　今朝は風が強いですが……」「ブログを更新しました」「おつまみをつくってみました」など、みんな「自分のこと」です。

これを**「自分ごと」**と呼ぶことにしましょう。

「自分ごと」に対して、自分以外の内容を**「他人ごと」**と呼んでみます。

「この本すごく面白い！　おススメです」や「台風は○○だそうです。お気をつけください」

これらは「他人ごと」になります。

この「自分ごと」「他人ごと」の割合を計算してみました。どんな割合だったと思いますか？　どちらが多かったと思いますか？

結果はこうでした。

自分ごと……77％

他人ごと……23％

ざっくりと3：1の割合です。

（あくまでも私が自身のFacebookアカウントで、1つのタイミングで調べて分析したデータです。分類にはどうしても多少の主観は入ってしまいますのでご容赦ください）

これは何を意味するでしょうか。

人は、自分のことばっかりしゃべる、ということです。

お客さまは基本的に「自分ごと」について話します、4回に3回は自分のこと。そして残りの1回は「他人ごと」ですが、何を話すかというと、「話し相手、伝える相手のメリット」になることが中心です。おススメの本は、だれかにも役立ってほしいから発信する情報ですし、天気の情報も、だれかを気遣っての情報です。

こう見ていくと、わかってくるかと思います。

本章の冒頭に書いた、願望のクチコミを覚えていますでしょうか？

「すごくおいしいのに、こんなに安い！」
「このお店、すごくいいよ～」

このようなクチコミは、ほとんど起きないということです（すごくファンになってくれたお客さまならば別です。ひいきにしてくれるでしょう）。

我われ商売人側がしてほしいと願うクチコミを、お客さまはしてくれないのです。

これは、当たり前ですし、仕方のないことですよね。お客さまは、お店のために生きているわけではないですから。

人は、「自分のこと」、「相手のメリットになること」を話題にします。お店のメリットになることを話してはくれないのです。大事なので、もう一回言います。

お客さまは、自分のことばかり話します。

ということは、クチコミのスイッチに大切なことは「お客さまの自分ごと」として話していただくことなのです。

「このお店いいよ〜」は、お店のことなので、お客さまにとっては「他人ごと」。しかし、「**このお店で、〇〇な体験をして、すごく感動した」となれば、お客さまにとって「自分ごと」になります。**自分の体験と感動ですから。

この違いを知っているかどうかは、とても大きいです。これを外したらクチコミを生むのは非常に難しくなります。

もちろん、本書で取り扱うスイッチは、お客さまが「自分ごと」として話してしまうスイッチが中心です。ご安心ください。

5 つまり、クチコミには3つの要素がある

いくつものクチコミの事例を見ていく中で、ある共通点があることに気がつきました。クチコミは、ある「3つの要素」がうまく揃った時に起きていると。

3つが揃うとグンとクチコミが起きる可能性が上がる。そんな要素があるのです。こちらも頭に入れておくと、よりクチコミスイッチの精度が上がるはずです。

1つ目は絶対にはずせない要素。**「話材」**です。

クチコミは人と人とのコミュニケーションですから、話の材料がなくてははじまりません。ですから、人が話すネタ、話材は必須です。これは、どのクチコミスイッチを押すにも必須です（一部の「しくみのクチコミスイッチ」には、ない場合もあります）。

そして、2つ目と3つ目は、必須ではないけれども、あったほうがクチコミの可能性が上がるアイテムです。何かというと**「Ｈｏｔな気持ち」**と**「アイテム」**です。これらがうまく揃うと、よりクチコミの起きる可能性が高まります。

「Ｈｏｔな気持ち」ですが、これはお客さまの気持ちが高まることです。「びっくりした！」「うれしい！」「すごい！」など、普段とは違う体験をしたり、心温まる出来事があったりして、気持ちが高まることです。

例えば、飲食店でご予約のお客さまに用意しておく「ウェルカムカード」を考えてみましょう。当日ご予約のお客さまの名前とメッセージを書き、テーブルに設置しておく。すると、それを見たお客さまはうれしくなり、写真を撮って人に見せるということが起きます。

ここには**「私のためにカードを用意してくれた」という話材**があります。そして**カードという現物、「アイテム」**があります。２つの要素が揃っているのです。

引き続き、「気持ち」の面も見てみましょう。

ウェルカムカードに次の２つの文章のパターンがあったら、お客さまの印象はどう違うでしょうか。比べてみてください。

Ａ：「○○さま　本日はご予約ありがとうございます。ゆっくりとお楽しみください」

Ｂ：「○○さま　本日はご予約ありがとうございます。先日気に入っていただけた○○、本日も入荷しております」

人によるかもしれませんが、やはりＢのほうがうれしいでしょう。Ａは、どのお客さまに対しても書ける文章ですが、Ｂはそうではありません。**前回の来店時のことを覚えていて、そこに触れている**からです。

こちらのほうが「私のことを覚えてくれているんだ！」と、気持ちが高まります。気持ちがＨｏｔになるということです。人は共感してほしい生き物ですから、気持ちが高まると人に伝えたくなります。そして、伝えた相手にも自分と同じ気持ちになってほしいのです。

このように、気持ちがＨｏｔになると人に言いたくなります。すなわちクチコミする可能性が高まるということです。

3要素の最後は「アイテム」です。アイテムがあることでクチコミが起きやすい理由は2つあります。

1つ目は**「アイテムは思い出すきっかけになる」**ことです。

例えば、お店の抽選で当たった景品のお菓子がお客さまのバッグに入っていたとします。お店のことは忘れていても、バッグを開いてそのお菓子を見たら、お店を思い出すきっかけになります。そして、近くにいる知人に「一緒に食べる?」と聞くと、「いただくわ。このお菓子、どうしたの?」となり、「○○でもらったのよ」と、お店の話につながっていきます。つまり、このような展開になる可能性が高まるということです。

これは一例ですが、アイテムがあると思い出すきっかけになり、人に話すきっかけになるということです。

理由の2つ目は**「アイテムは人に見せられる」**ということです。

ＳＮＳが活用されている時代ですから、お客さまはＳＮＳに何かしら投稿することも多いでしょう。

その時に写真を添えることが非常に多いのです。言葉ではうまく伝えられなくても、写真があると伝わりやすく、投稿ネタにしやすくなるからです。

また、アイテムの現物が手元にあればそれを知人にそのまま見せることもできます。ですから、アイテムがあるとクチコミが起こりやすいのです。

クチコミの3要素は、「話材」「Ｈｏｔな気持ち」「アイテム」です。

これらの3つの要素は、これからクチコミスイッチを紹介していく中で、多くのスイッチに含まれています。ぜひそこにも注目して本書を読み進めてください。そしてクチコミのしかけをつくる際には、この3要素が揃っているかぜひチェックしてくださいね。

7 ちゃんと押さえよう！　人がしゃべってしまう4つの欲求

さらにクチコミの分析を進めます。

人が何らかの話をするのには、何らかの「理由」があるはずですが、前述したFacebookの投稿例を見ていくと、人が４つの欲求から話してしまうことがわかりました。

① 認めてほしい

では最初に、「久しぶりに○○家に来ています」「おはようございます！　今朝は風が強いですが……」という投稿についてです。このような発信で、人が求めていることは何でしょうか。

これらは自分の近況に関する投稿です。これらによって、読んだ人がメリットを受けるわけではありません。いってみれば、**自分の、自分による、自分のための投稿**です。Facebook上では「いいね」ボタンを押されることを期待していますし、または、何かしらのコメントをもらうことも楽しみにしています。つまり、**自分が何か行動していることについて知ってほしく、認めてほしい**のです。

② ほめてほしい

次に、「ブログを更新しました」「おつまみをつくってみました」という投稿について。これらの投稿で人が求めているのは何でしょう。

例えば「おつまみをつくってみました」という話と共に、その料理の写真が投稿されていたらどうでしょう。見た人に、「すごいね、おつまみをつくれるなんて」とか、「おいしそう！」というコメントをもらえたらきっとうれしいでしょう。そういうことを求めているのです（断言しすぎでしょうか？）。

先ほどの投稿は、自分の近況でしたから「いいね！」と認めてもらえればうれしい。しかし、こちらはもう少し突っ込んだ近況です。自分の考えや自分でつくったものです。自分を通して生まれたものです。ですから、**「いいね」だけだと満たされない**のです。ですから、「ほめてほしい」という欲求があると考えられます。

③ 共感してほしい

次に「このPOP面白いです！」「○○社からお詫び状が来た。どうなのよ、これ」についてです。これは何かしらの体験や発見を通して感情が動いた投稿です。感情が動いたことを表現して、**相手にも同じような気持ちになってもらえたらうれしい**という気持ちです。自分をほめてほしいわけではなく、同じように感動してほしい、同じ感情を持ちたいという欲求です。つまり、共感してほしいのです。

④ 相手のため、善意（役立ちたい）

「この本すごく面白い！ おススメです」「台風は○○だそうです。お気をつけください」といった投稿はどうして起こるのでしょうか。これは相手のため、**相手にとって役立つと思うから発信したもの**といえるでしょう。これは相手のことを思っての情報、善意の投稿だといっていいと思います。

しかし、この投稿は別の視点からも捉えることができます。とくにFacebookなどで大勢に向けて発信している場合は、自分のメリットを感じていることも多いはず。「みんなにメリットのある発信をしている自分はすごい」というような「ほめられたい」という気持ちを求めていることもあるでしょう。ちょっとした下心ですが、別にいいじゃないですか。私は、人ってそういうところがあっていいと思います。

我われ人間は、何かしらの欲求を満たすために行動を起こします。それはクチコミについても例外ではありません。この欲求を理解したうえでクチコミスイッチを押すことで、成功する可能性は一段も二段も上がります。

とくに、「自分ごと」「人が話したくなる4つの欲求」については忘れないでください。

ではそろそろ、具体的にクチコミスイッチを解説していきましょう。

2章は「会話の入り口」をつくるクチコミスイッチです。あなたはお客さまに「どんな会話」をしていただきますか？

2章

「会話の入り口」をつくるクチコミスイッチ

1　クチコミ販促の「きほん」の「き」。写真を撮ってもらえ！

左ページの写真の料理は、AWkitchen さんという野菜とパスタを中心にしたレストランの看板メニュー「農園バーニャカウダ」です。透明なガラスの器に、色とりどりの新鮮な野菜がきれいに盛り付けられていて、圧巻の見た目です。

この写真は AWkitchen を運営する株式会社イートウォークさんからお借りしたものですが、実は私自身も家族で食事をした際に写真を撮ってしまいました。普段私は、飲食店で食事をしてもあまり写真は撮らないのですが、妻がスマートフォンを取り出して写真を撮っていたのを見て、私もつられてしまいました（ちなみに妻も、飲食店で写真を撮っているのはほとんど見かけません）。

我われのとなりのテーブルでは女性二人が食事をしていましたが、そちらでもこのメニューが提供された時に、二人共スマートフォンで写真を撮っていました。これは「撮りたくなる」メニューなのです。

全世界の写真撮影枚数について、あるデータを見つけました。２０００年に撮影された写真が８５０億枚ほどだったのに対し、２０１１年には3兆５０００億枚以上になったという統計です。現在の正確な数字は置いておいても、10年ほどで何十倍もの枚数に膨れ上がったというのは間違いありません。

ひと昔前、写真は撮った後に「現像」をするものでした。ですから、1枚1枚がとっても大事。きちんとポーズを決めて、「はい、チーズ」といったパターンが多かったはずです。それが変わってきました。

携帯電話とデジタルカメラが普及したことで、「現像」をしないで楽しむことが増えてきました。

そして、スマートフォンが普及したことで、その傾向はさらに加速しています。いつも手元に持っているスマートフォンを利用して、SNSで写真を投稿したり、スマートフォンの中に保存されている写真を友だちと見せ合ったり。

しかも写真はデータですから、もしうまく撮れなかったら削除して撮り直せばいい。何枚でも気兼ねなく撮れます。以前のように1枚に対する重みが減り、気軽にシャッターを切れるようになりました。たくさんの写真を撮るようになったのは、大きな変化でしょう。

この流れは、クチコミ販促にも大きな手助けになります。

SNS上では、写真はとても有効な投稿コンテンツです。**お店の写真がお客さまの手でSNSに投稿をされれば、お店の情報が拡散されます。お金をかけずに、お店の情報が拡散される**ということです。

「写真を撮ってもらう」というのは、ズバリこれからのクチコミ販促では基本であり、必須の項目といえるでしょう。お客さまが写真を撮りたくなる材料を用意しましょう。

写真の材料としてわかりやすいのは、「見栄えのするメニュー・商品」です。

前ページの「農園バーニャカウダ」の写真を再度見てください。白黒写真だと色合いの鮮やかさは伝わりませんが、本当にとてもきれいなのです。まるで、生け花のようです。これがテーブルに届いた瞬間、私は思わず「わっ！」と声を上げてしまいました。

お店を運営するイートウォークの中澤取締役に聞くと、やはり「魅せる」ことにはかなり気を配っているとのこと。社内では、「料理はブス禁止」にしているのだそうです。だから見栄えにこだわった料理が常に提供されるのですね。他の料理も魅せてくれます。

このように見栄えのいいメニューは、写真に撮る材料になります。

これを写真に撮ったあと、SNSで投稿するかどうかはお客さま次第ですが、写真は、クチコミのチャンスを生むものですから、撮ってもらえることはプラスになります。

写真というのは、**その場の瞬間を保存する道具**です。料理は食べたらなくなりますし、観光で訪れた場所もその場を離れたら見られなくなります。その場の体験を保存するために写真は撮られるのです。

また、写真は撮っておしまいではなく、「次の利用」の可能性があるからこそ撮るわけです。撮ったその場でSNS上に投稿をしたり、翌日ブログに投稿したり、後日友人に自慢しながら見せたり、自分の記録アルバム用にしたり、また、どこかのタイミングで現像をするかもしれません。とにかく何かしら、**「後日も見る」という可能性がある**からこそ撮影しているのですね。

繰り返しますが、写真を撮ってもらうことは、これからのクチコミ販促ではずせない基本です。どんな材料を用意すればお客さまが写真を撮りたくなるのか、どんなものを見たらその瞬間を保存したくなるのか、考えていきましょう。「きれい」というのは大事です。さらに、「まるで○○のよう」と具体的に表現できたらなおいいです。

この後の項目でも、いくつかのパターンで写真を撮ってもらうためのスイッチを紹介していきます。まずは「写真を撮ってもらう」というスイッチを頭に入れてください。

ここでひとつ、私が個人的にとてもうれしい話をさせてください。AWkitchen を運営するイートウォークさんでは、私の前著『お客さまの記憶に残るお店のリピーターをつくる35のスイッチ』をとても気に入ってくれており、全社的に取り入れてくれているのです。料理がおいしいだけでなく、「しかけ」や「魅せる企画」についても積極的に取り組んでいるからこそ、人を動かすアイデアが生まれるのですね。

Switch 1

お題

見栄えのするメニュー・商品を用意して写真を撮ってもらう

見た目をどう工夫したら、写真を撮ってもらえますか?

2 キャラクターとの2ショット写真を撮ってもらう

写真を撮ってもらえたらSNS上で拡散されやすくなる。これは事実です。しかし、お客さまたちが盛り上がってピースサインをしている写真がSNSで拡散されても、あまり集客にはつながりません。そこに写っているのは楽しそうにしている人たちの姿であって、お店の魅力ではないからです。お店の視点で考えたら、「お店のよさ」「お店らしさ」も一緒に写真に収めてもらえるとうれしいものです。

そのための1つの方法が前項の商品を撮る写真のスイッチでした。では、他には方法がないか、考えてみましょう。

ディズニーランドに行って、ミッキーやドナルドが目の前を歩いていたらどう思いますか？写真を撮りたくなりませんか？　可能であれば、ミッキーの1ショット写真ではなく、自分や一緒に来ているメンバーも写真に入れたいものです。そうです。**人気のキャラクターは、一緒に写真を撮りたくなる存在**です。写真を撮るスポットになります。

だからといって、この方法はお店でそのままマネができるわけではありません。お店にミッキーほどの人気キャラクターはいないでしょう。しかし、ちょっとした工夫で、キャラクターとの2ショットを実現することができます。

例えば、左ページの写真を見てください。こんな鶏のキャラクターが店内にいたらどうでしょう。これは木彫りの鶏で、お店の販促用に作成したものです。ちょっとしたストーリーを加えてしかけました。「この鶏には、縁結びと商売繁盛のご利益があって、願いを込めて抱っこをすると、叶うらしい」というものです（きちんと鶏の生産地近くの神社にお参りに行きました）。

これを都内の鶏料理店でカウンターに置きました。すると、若い男女のグループの方はよく気づいてくれ、「これは何ですか？」と店員さんに聞いてきます。店員さんがご利益の説明をすると、お客さまは抱っこをしてくれます。そしてせっかくなのでそのまま写真を撮る方も多くいたそうです。わかりやすい写真スポットになっていたのですね。

この写真をSNSに投稿したり、友人に見せたりしたらどうなるでしょう。きっと、「へぇー、面白いね」とか「かわいいね」とコメントが寄せられることが想像つきます。投

稿しがいのあるネタになるのです。これは、「願掛け」という要素を加えたことで2ショット写真のスポットをつくり出した事例です。

他にも、スタッフと2ショットを撮ってもらうアイデアもできるでしょう。

例えば、月に1日だけのイベント日をつくって、その日はスタッフの一人がマスクをかぶって勤務してみてはいかがでしょうか？そして、そのマスクマンとお客さまがコミュニケーションを取れるゲームイベントを開催するのです。「マスクマンと握手すると、○○がもらえる」とか「マスクマンにじゃんけんや腕相撲で勝ったら、○○がもらえる」というようなものです。

このように、あえて特別なキャラクターをつくるのもいいでしょう。イベントをすれば、ゲームの後に写真を撮るお客さまもいるでしょう。「マスクマンに勝ちました！」という話題ができるので、まわりからも反応が得られやすくなります。

これは「認められたい」「ほめられたい」が満たされるスイッチです。

キャラクターとの2ショット写真というのは、お店では難しそうに感じるかもしれませんが、実はやりようによっては実現のできることなのです。ぜひトライしてみてください。

Switch 2
お題
お客さまとお店のキャラクターとの2ショット写真スポットをつくる
どんなキャラクターで、どんな話題で写真を撮ってもらいますか?

3 お客さまの写真撮影を後押しするひと言

日本語に、是か非かはっきりさせるという意味の「白黒つける」という表現があります。

どうしてこの言葉ができたのでしょうか? きっと、白でもなく黒でもない、どっちつかずの灰色ゾーンが多いからだと思うのです。日本人のあいまいさというか、逆によさなのかもしれませんね（語源は囲碁の碁の白黒からだそうです）。

これは写真撮影にもいえることです。

お客さまが、ちょっと見栄えのする料理やオブジェを見て「キレイだなあ」とか「面白いなあ」と思うとします。そこには写真を撮りたいような、別に撮らなくてもいいようなという灰色ゾーンがあるはずです。いや、本当は写真を撮りたいけれど、まわりに撮っている人がいないので遠慮してしまうということもあるでしょう。

この灰色ゾーンのままだと、お客さまは行動をしません。

それならば、写真撮影についても、白黒をつけてもらいましょう。もし灰色ゾーンのまま行動しないなら、もったいないことです。

白黒つけてもらうために、ちょっとしたひと言をかけてあげましょう。お客さまが料理やオブジェに目を奪われているのを見かけたら、すかさずこう声をかけます。

「こちら、写真に撮られる方も多いんですよ」

「写真を撮っていただいても大丈夫ですよ」

お店のスタッフからこう言われたら、お客さまは「他の人も写真を撮るんだ」「ここは写真を撮っていいお店なんだ」と理解することができます。

この言葉によって、「撮りたい」と思っていたお客さまはすんなりと撮ることができるでしょう。もともと撮るつもりのないお客さまは問題ありません。「撮ろうかな」と思っていた灰色ゾーンのお客さまをそのままにせず、白黒つけてもらうのが目的ですから。

ほんのひと言ですが、お客さまの決断を促す大きな言葉です。ぜひやってみてください。

Switch 3
お題

「写真を撮られる方、多いんですよ」のひと言で、白黒つける
あなたのお店なら、どの場面で使えそうですか?

4 タイミングをズラすだけで、「当たり前」が「驚き!」に変わる

作業の量は変えず、内容もとくに変えなくても、「あること」を変えるだけで相手がびっ

くりして思わず人に話したくなるスイッチがあります。変えることはただひとつだけです。

それは、**「タイミング」**です。

同じことをするのでも、タイミングをズラすことでクチコミを生むことができます。とても面白いスイッチです。

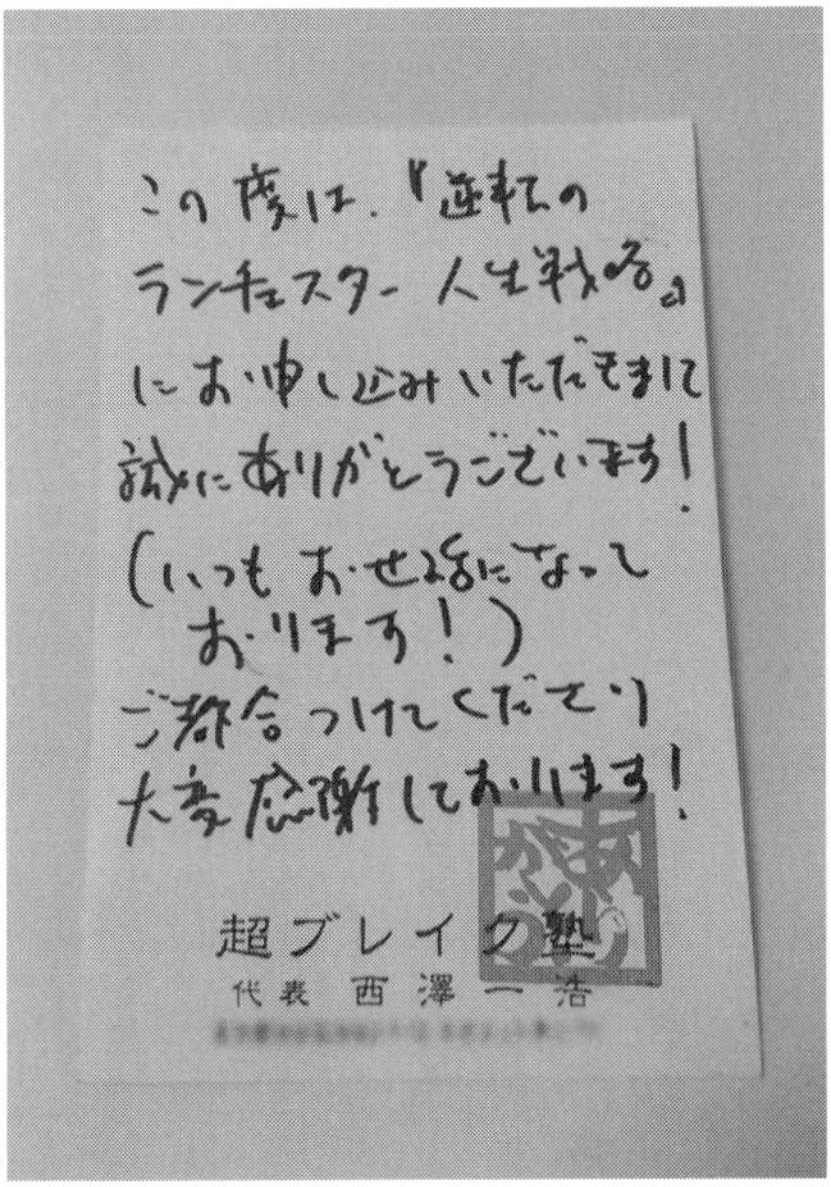

２０１３年11月のこと、私はあるセミナーに参加申し込みをしました。WEBサイトから申し込み手続きをすませましたが、まだまだセミナーまでは1ヶ月以上あります。それから数日後、ポストに1枚のハガキが届いていました。セミナーの主催者である超ブレイク塾の西澤一浩社長からでした。

ハガキには手書きで、写真のよう

に書かれていました。
セミナーに申し込んだことへのお礼のハガキでした。まだセミナーに参加する前だったので、びっくりしました。

普通、お礼状というのは、セミナーなら参加した後、お店なら来店した後に届くものです。一般的にはそういう認識でしょう。それが先に届いたのです。

お礼状を送ること自体は、珍しいことではありません。もちろん一人ひとりに手書きでハガキを送るのは大変ですから、その労力を考えたら、受け取った相手の心は温まるでしょう。しかし、それがクチコミになって拡散されるかというと、そんなことはないでしょう。個人的にはうれしいですし、心温まるけれど、人に話して盛り上がるものでもないからです。お礼状の内容が特別に感動的なものであれば別ですが、通常のお礼状はクチコミにまでなりません。

ここでは**タイミングをズラす**ことで、クチコミが起きていたのです。
タイミングがズラされると、相手はびっくりします。人に言いたくなるものです。現にFacebook上では、私と同じようにハガキが届いた方が何人も写真でシェアしていました。

作業量を変えなくても、内容に大きな工夫をしなくてもタイミングをズラすことでクチコミを起こせるのです。

他にもタイミングをズラすことでクチコミが起きている例はあります。

2014年の冬に池袋の西武デパートに、キットカット専門店ができました。そこではそのお店でしか買えないという限定キットカットが売られています。中でも1本300円もするものがあり、これは1日の販売個数が限定されていて、私がお昼前に立ち寄った時にはすでに売り切れていました。

「え？　もう？」と思いました。これが閉店間際ならなんとも思わないでしょう。同じ売り切れでも、タイミングが予想よりもはるかに早いからこそ驚き、人にも話したくなります。この場合はスイッチ20（108ページ）の「笑える悲劇」の要素も含まれています。

また、ある飲食店では、コース料理で普通ならメインディッシュに出てくるような料理を、お通しで出すお店もあるそうです。これもタイミングをズラして驚きを生む例ですね。

このように驚きが生まれると、人はだれかに共感してほしくなるものです。だからクチコミが生まれるのです。

Switch 4

お題

普段していることのタイミングをズラして驚きをつくる

何のタイミングをズラしたら、お客さまはびっくりしてくれそうですか?

5 「あたり」がついていたら、どうなる?

これは、私自身がセミナーで講師をする際によく使っているネタです。

ほぼ間違いなく、「盛り上がり」をつくることができ、なおかつ、クチコミでの拡散を期待できるものです。

セミナーがはじまる前に、レジュメと一緒に「秘密のポチ袋」を各席にセッティングをします。そのポチ袋にはこう書かれています。「まだよ♥いいって言うまで開けちゃダメ」と。少し「じらして」おくんです。席についた参加者さんは、このポチ袋を目にしますが、まだ開けられません。念のため、口頭でも説明をしておきます。「あとで一緒に開けるので、まだ我慢してくださいね」と。すると、その中身がちょっとだけ気になるはずです。あらかじめこのようなしかけをしておくと、いざ開ける時にも注目度が高まるんですよ。

そして、セミナーがしばらく進んでから、ポチ袋を全員でいっせいに開けていただきます。中には2つのものが入っています。1つは、セミナーの内容をまとめたカードです。これはセミナーのおみやげで全員に入っています。そしてもう1つ、参加者の中に数人だけ、特別なチケットが入っています。

「あたり」です。

「あたり」が出た方には私の著書や、販促ノウハウをまとめた冊子、私の地元横浜のお菓子などを用意しておき、景品として差し上げます。ありがたいことに、当たった方には喜んでいただけます。

すると、その景品を写真に撮り、「今日参加したセミナーで当たりました。セミナーは……」という具合に、セミナーの感想と共に Facebook やブログにアップしてくださる方も多くいらっしゃいます。

「セミナーに参加した」というエピソードに、「当たった」という話材がひとつ加わったから、

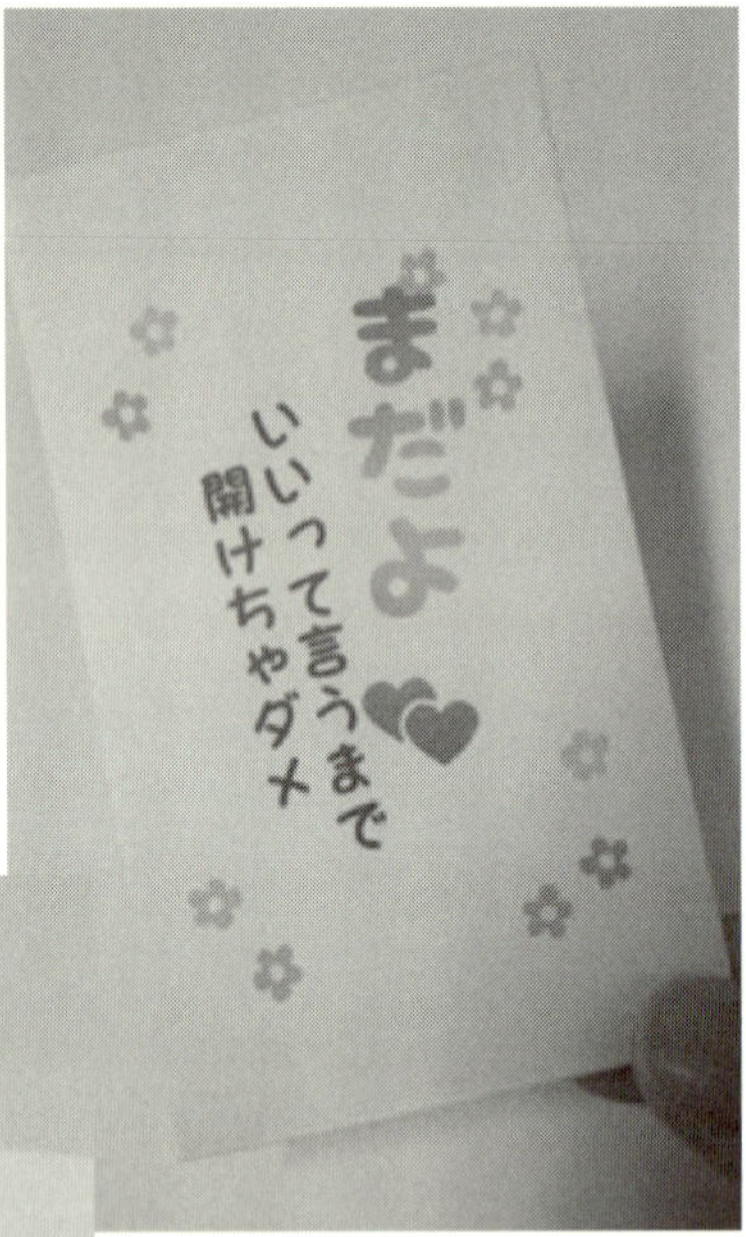
まだよ
いいって言うまで
開けちゃダメ

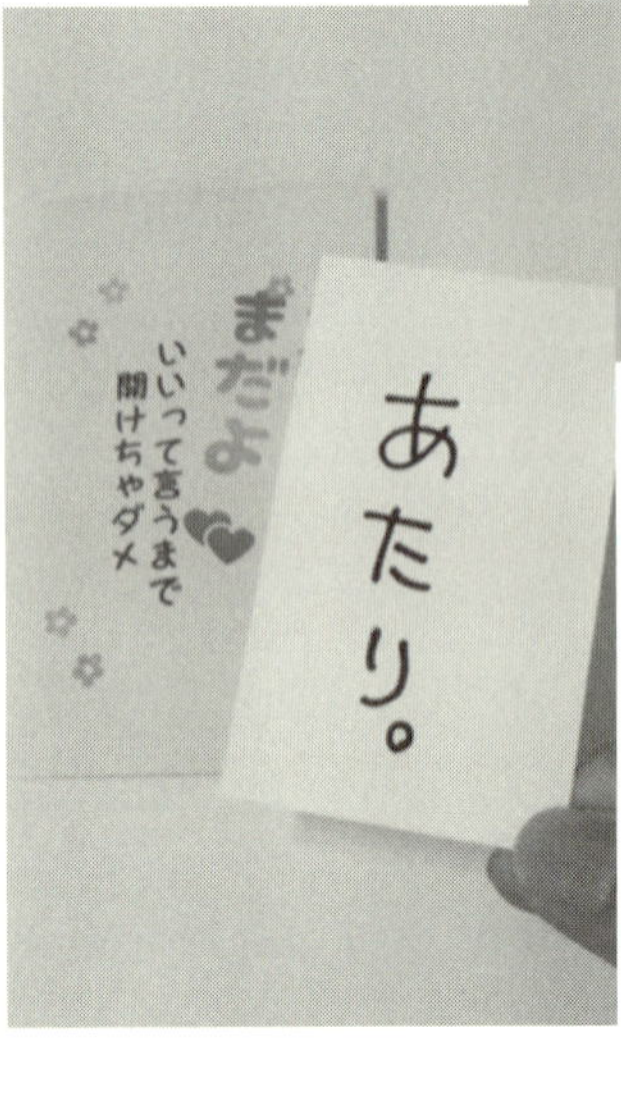
いいって言うまで
開けちゃダメ
あたり。

投稿しやすくなったのでしょう。これは**全員がもらえるのではなく、運のよかった人だけしか手に入らないものだからこそ「希少価値」があります。**それを人に言えば「すごいね」「よかったね」という反応が見込めますから。ちょっとした**「優越感」も生まれる**のです。

お店でも「あたり」の企画は取り組みやすいものです。

イベントで来店したお客様全員に**「くじ」**を引いていただいたり、飲食店の宴会なら事前に**お箸やお皿と一緒に、「あたり付きくじ」や「秘密のポチ袋」をセットしておく**こともできます。

そこまで準備ができない場合でも工夫はできます。八人に一人だけ、箸袋の裏面に「あたりシール」を貼っておくだけでもOKです。お客さまをご案内する際に、ひと言伝えておけば、皆さん注目していただけるでしょう。なんで八人に一人かって？　それはもちろん！「末広がり」の縁起のよい「八」です。こういう細かいところにも意味づけをしておくと、価値が高まるのです。

「あたり」のしかけは、シンプルでありながら気持ちが盛り上がる効果のある方法です。ぜひやってみてください。

Switch 5

お題

八人に一人だけ、「あたり」を提供する

何を使って、「あたり」を引いてもらいますか？
「当たった」証拠は、どうしたら残してもらえるでしょう？

5 価値を感じるプレゼントを贈ってみよう

私が、妻と息子と共にスーパーで買い物をしていた時のことです（私はスーパーが大好きなのです）。あるスーパーでいただいた試食がとても印象的で、人にもべらべらしゃべってしまいました。

しゃべったというか、正確には自慢したのです。それを話せば、「いいなあ」とうらやましがられるのがわかっていたからです。

どんな試食をいただいたかというと、「ハーゲンダッツ」のアイスクリームです。クリスピーサンド（ウエハースでサンドしたアイスクリーム）の新味が発売されたタイミングだったらしく、４つにカットされたものが試食提供されていました。

びっくりです。

あのハーゲンダッツですよ！　１つ２８０円もする商品です。それが４つ切りなので、１人あたり70円分の試食です。太っ腹ですよね。

やはり大人気で、試食のスタッフさんがカットして準備すると、あっという間になくなっていました。

この試食について、**「すごく太っ腹だなぁ」と思ったのですが、実はそれがスーパーの思うツボだったのかもしれません。**なぜなら、この試食について、つい言っちゃうんですよね。「この間、あのスーパーですごい試食をもらったんだよ」と。

さらに、クチコミ効果だけでなく、**記憶によるリピート集客の効果**もあります。後日、このスーパーの前を通ったらどうなるでしょう。「またあの試食をやってるんじゃないかな」と淡い期待を抱いちゃうのです。実際、その次に行った時にはやっていませんでしたけど。

同じ試食でも、「枝豆」ではこうはなりません。

「やった！　ごく普通の枝豆を試食した！」では、話題にはなりません。人に話しても、

「へー」とも言われず、「ふーん」くらいだからです。しかし、「ハーゲンダッツを試食でもらったんだよ」ならば話題になるし、相手の反応も変わります。「いいなあ、私も食べたい！」という反応が見込めます。

枝豆とハーゲンダッツでは、何が違うのでしょうか。そうです。ハーゲンダッツは、**「金銭価値」**を感じやすいのです。

枝豆にも、もちろん金銭的な価値はあります。しかし、高級なイメージはありませんし、ひとつが小さいので「高価なものをもらった」という感想にはなりません。さらに、どこでもよく試食に出ているから、珍しさがありません。

ハーゲンダッツは逆です。「高級アイス」のイメージが定着していますし、今回の試食についても、ひとつのサイズが大きいものでした（ほんの小さなひと口サイズだったら、同じ反応にはならなかったと思います）。**明らかに価値のあるものをもらったと思えた**のです。

もう1点加えると、**ハーゲンダッツという商品をだれもが知っている**ということもポイントです。仮に高級だとしても、だれも知らなかったら話題にはなりません。

Switch 6
お題
「金銭的価値」を感じるものを無料でプレゼントする
あなたらしさ、お店らしさの伝わるもので、金銭的価値の伝わりやすいものは何ですか?

7 懐かしアイテムは、共感を呼ぶ

どのお店でもしていること、どのお店でもお客さまに渡しているもの、それを少し変化させることで、クチコミ集客につなげたお店があります。東京の下町、門前仲町にある炭火焼鳥「小鉄」というお店です。この販促は、お店の雰囲気にもコンセプトにも合った工夫なので、お客さまの紹介から、新規のお客さまの来店が生まれました。

小鉄さんでしていることは、小さいけれど大きな力を生む工夫です。どのお店でもお客さまに渡しているものを、少し変えているだけです。

何を変えているかというと、お会計の時にお渡しする「お釣り」です。

小鉄さんでは、お客さまへのお釣りに「100円札」を1枚混ぜてお渡ししていたのです（2015年6月時点では、この販促は終了しています）。

「100円札」です。今はもう製造されていません。でも使用は止められていないので、今でも銀行で入金が可能です。これを1枚ずつ、お釣りの100円分として渡すのです。

100円札は1974年に日銀からの支払いが停止されていますから、50代以上のお客さまなら使っていた記憶があるため、とても懐かしいものになります。これを手にしたら、うれしくて自慢してしまうでしょう。**懐かしさは、それがわかる知人に言いたくなる**ものなのです。共感してほしいのですね。

他にも、駄菓子屋さんで売っていたものなどはわかりやすい懐かしアイテムになるでしょう。

例えば、「ヨーグル」という小さなカップに入ったお菓子や、2つの棒を使って練ってやわらかくする水あめなど、人によってピンとくるものは違うでしょうが、何種類か用意しておいて、食後やお会計の時にお客さまに選んでいただくと喜んでもらえそうです（まだまだ手に入る駄菓子はたくさんあります）。

また、めんこ、ベーゴマ、リリアンといったおもちゃも懐かしく思うはず。仮に持ち帰れなくても一緒に来た人と懐かしがって盛り上がったり、また、若い人が一緒にいれば「これ、知ってる？」と遊び方のレクチャーがはじまりそうです。

懐かしいアイテムは、人の心をくすぐるものです。そして、懐かしアイテムは、**人にも共感してもらいたくなる**のです。

使うタイミングは、お店の雰囲気やイベント内容にもよると思いますが、チャンスがあればぜひやってみてください。

Switch 7

お題

「懐かしアイテム」を自然の流れで提供する

あなたのお店らしさが伝わる「懐かしアイテム」は何がありますか？

自分だけの「発見」を演出しよう

2014年6月2日の新聞のラテ欄に、粋な演出で広がったクチコミがあります。NHKのテレビ番組「プロフェッショナル」の番組紹介欄です。

この時期は、サッカーのブラジルワールドカップを直前に控えた時期であり、日本の中心選手である本田圭佑選手の特集が組まれていました。新聞のラテ欄、番組紹介の文字をよく見てください（左ページ写真。「朝日新聞」）。

普通に文章を読むと、とくに変わったことはありません。では、広がった理由はなんでしょうか。

一番左側の文字を縦に読むと……、「日本ガンバレW杯」となります。

これが見事だと話題になって広がったのです。

このしかけが広がったポイントは、**「発見」**です。

演出側はわざわざ知らせてアピールしません。してしまったら興ざめですから。

こういうものを発見すると興奮につながります。**他の人はまだ気がついておらず、「自分**

だけが知っている」こと、「自分だけが発見したもの」ですから。これを発見すると、**自慢したい、だれかに見せて同じように興奮してほしい**という思いが出てきます。

ディズニーランドの「隠れミッキー」や、コアラのマーチの「盲腸のコアラ」、スナック菓子カールの「カールおじさんの形をしたカール」も同じです。どれも発見の喜び。自分が発見したことがうれしくて人に言いたくなってしまうのです。

めぐる攻防▽ＡＫＢ48
事件後初の秋葉原公演　30
▽被災地に響くピアノ
不屈の心で校歌を歌う
00 多 字 プロフェッショナル　00
日本代表エースに密着
本田圭佑５00日の記録
ガチンコ総取材▽ミラ　25
ン移籍舞台裏▽挫折を
バネに進化▽超極秘ト　50
レーニングにケニア人　00
W杯へ独占インタ◇N
11.20 スポプラ　Ｊ３長野パ　25
ルセイロ山雅を追って
30 ＮＥＷＳ　ＷＥＢ　0.0

これをお店で応用する場合、**発見するものが「だれでもわかる」内容**にしましょう。「隠れミッキー」をマネして、自分のお店のオリジナルキャラをつくって、店内に潜ませていてもあまり大きな発見にはなりません。もし発見したお客さまがいて、それを知人に話しても大した話題にはならないものです。

だれにでもわかる発見にするなら、例えばこのようなパターンはどうでしょうか。

飲食店のメニューで、サラダの中に発見材料を隠しておくのです。ニンジンでかたどった「うさぎ」と、きゅうりでかたどった「カメ」を潜ませておきます。サラダを食べながら、これを発見したお客さまは「ウサギとカメ」の話を思い出すかもしれません。「ウサギとカメ」はだれもが知るストーリーですから、話題になります。ウサギのニンジンとカメのきゅうりを並べて写真に撮り、「今、カメが抜きました」なんて、ストーリーに沿ったコメントをつけたりする可能性が生まれてきます。

これが、ストーリーがなく、ただ「ウサギ」や「ペンギン」をかたどった野菜であったら、ここまでは発展しないでしょう。発見したお客さまが「かわいい」と思うことはあるかもしれませんが、そこで終わる可能性が高いです。そこに、だれもが知るストーリーを加えると、他の方とも共通話題ができるので話しやすくなるのです。

「発見の喜び」を演出するために、何かを隠してみる。そして、まわりの人との共通話題にするために、だれもがわかるストーリーを絡める。ちょっと難しいスイッチですが、お客さまは盛り上がります。

Switch 8

お題

発見したら話したくなる材料を隠しておく

隠せる場所はどこがありますか？
何を発見したら、話題になりそうでしょうか？

9 人の分まで探しちゃうしかけ

観光地のおみやげ屋さんには「あおい」や「しょうた」など、名前が入ったキーホルダーがよく並んでいます。観光客は自分の名前がないかと探して買ったり、ごく近い友人の名前を探しておみやげに買ったりします。

それと似ているのが、コカ・コーラの販促です。

コカ・コーラでは、ペットボトルのラベルにいろいろな名前がプリントされるキャンペーンがたびたび行なわれています。

例えば「Yamada」や「Keiko」など、割と一般的な名前から、なんでも沖縄限定だと「Higa」や「Oshiro」など、全国的にはあまり多くなさそうな名前も販売されているらしいです。

人は名前に注目してしまうようです。このようなペットボトルがあると、自分の名前はないか、知り合いの名前はないかと探してしまいます。

コカ・コーラは商品の中に「注目するポイントを追加」したんですね。そして知り合いの名前の入ったものを見つけたら、写真に撮って教えてあげたり、購入してSNSで「○○さん、ありましたよ～」と呼びかけたりする。そういったことが実際に行なわれています。

観光地のキーホルダーと、コカ・コーラの名前入りペットボトルは、両方とも「人の名前入り」という共通点がありますが、違う点もいくつかあります。

観光地のキーホルダー　⇕　コカ・コーラのペットボトル
ハレの日のおみやげ　⇕　日用品
保存されるもの　⇕　消耗品
行った人しか知らないこと　⇕　多くの人が知っていること

これらの違いがクチコミの起こりやすさにも影響します。

コカ・コーラは**日用品ですから、購入する頻度が高い**ものです。売られているお店は全国のスーパー、コンビニなどたくさんありますし、週に何度も買う人だっています。対してキーホルダーが売られているのは、その観光地のみ。そして、こちらは何度も買うものではありません。一生に一度の場合が多いでしょう。

コカ・コーラは消耗品ですから、後に残りません。だからこそ**気軽に購入**できます。一方、キーホルダーは残るものですから、失敗はしたくないので購入する時に慎重になります。

コカ・コーラの名前入りペットボトルのキャンペーンについては、**知っている人が多いので、「共通の話題」**になります。観光地のキーホルダーは、他の人と共通話題にはならないのでクチコミはしにくいものです。

この「共通話題」の視点は大事ですが、個人のお店ではなかなか応用は難しいものです。自店のキャンペーンを、地域のお客さま全員が知っているような状況にするのも困難です。やろうとしたら、多額の広告費がかかるでしょう。

ならば、共通話題のある切り口で応用してはどうでしょう。例えば「おみくじ」。おみくじの文面に「名前に『み』のつく人にこのおみくじを渡すと、お互いに福がある」と記載してみます。おみくじならば、だれもが知っているものですから、共通の話題としてクチコミしやすいでしょう。「みほちゃん、これもらってくれない？　○○ってお店でもらって、福があるんだって」などと、クチコミでの広がりが期待できます。相手に「福がある」とされているものなら渡しやすいでしょう。

ちなみに、ここで「みほ」などと具体的な名前ではなく、「『み』のつく人」としたのには理由があります。具体的な名前だと、当てはまらない可能性が高まるからです。『み』のつく人なら、知り合いに数人はいるでしょう。

他にも、「今月の当選ネーム」として、店内にいくつかのお名前を貼り出し、該当するお客さまには特別サービスなどを提供するキャンペーンも面白いでしょう。知人の名前を見つけたら教えたくなりますからね。

名前は、だれもが大事にしているものです。

それを活用するスイッチ。これを活用する場合は「共通話題」を意識してください。

Switch 9

お題

「人の名前」を商品やツールに掲載する

どこに名前を掲載したら、話しやすくなるでしょうか？

10 鉄板スイッチ！ 一人のために「ひと手間」かけるべし

1章でお話した、私が「これがクチコミか！」と気づいた事例。本が出来上がった際に献本した時のことです。どうしてクチコミしてもらえたのか。ここで改めて、その理由を探ってみましょう。このスイッチはいろいろなパターンで応用でき、しかも鉄板のスイッチなのです。

私は、本のお気に入りページに「ふせん」を貼って送りました。すると、どのような言葉で紹介（クチコミ）をしてもらえたでしょう。「わざわざ、ふせんを貼ってくれて」というものが大半でした。この**「わざわざ」**がポイントです。

人は、**自分のためにしてもらえるとうれしい**ものです。機械的な作業や、他の人に対しても同じではなく**「自分のためだけに」手間や時間をかけてもらえるとうれしい**もの。特別感が得られるのです。事実、この献本の時も一人ひとりに手間をかけて送りました。

すると、受け取った側の**気持ちが高まり**ます。クチコミの3要素の2つ目、「Ｈｏｔな気持ち」が起こるのです。

さらに、3要素の3つ目である「アイテム」もあります。「本」と「ふせん」です。「わざわざ、ふせんを」という話材は、クチコミ3要素の1つ目。3要素がキレイに3つ揃っていたのです。

当初は、まったく意図したものではありませんでした。むしろ、献本というのはこちらが「勝手に送りつけている」ものなので、相手にとって極力負担のないように工夫をしようと思って行なったものだったのです。いくら知り合いといっても、興味のない本はいりません。だからこそ、「全部を読まなくても、ふせんのページだけでもパラパラとめくっていただき、興味がなかったら、読むのをやめて古本屋さんにでも売ってください」というスタンスだったのです。

おそらく「クチコミしてほしい」という見返りを求める気持ちが前面に出ていたら、同じような結果は得られなかったでしょう。これは他のスイッチについても言えることです。**クチコミをしてほしいというのは、商売人側の気持ちではありますが、それがエゴになってはいけません。見返りを求めたら、相手は嫌な気持ちになってしまうでしょう。**

あくまでも、**「相手が喜ぶ」**ことをしたり、**「話したくなる」「話したら、盛り上がる」**ための話材を提供するのです。

このスイッチでよく見られるのが、レストランなどの「ウェルカムカード（ボード）」です。ご予約いただいたお客さまに対し、「○○さま、本日はご来店ありがとうございます」などとお客さまのお名前とひと言メッセージをカードや色紙などに書いてテーブルに準備しておくもの。

一人（一組）のお客さまのためだけの特別対応です。このスイッチのよいところは、「一人（一組）のために作業の時間を使うので、そのお客さまのことに想いを馳せる」ことができる点です。

スタッフ側にも気持ちがこもりますので、お客さまに気持ちを寄り添わせることができま

す。それを受けたお客さまにもその気持ちは伝わり、Ｈｏｔな気持ちになるでしょう。

このスイッチは「鉄板」です。

見返りを求めずに誠実な気持ちで行なえば、お客さまにとっても気持ちのいいものですし、クチコミも起こりやすいもの。ただ、注意点として、**まわりのお客さまへの配慮も忘れずにいたいものです。**

「どうしてあのお客さんだけ特別対応されているの？」と疑問を感じたら不快になってしまいます。「ご予約をいただいたお客さまだから」とか「誕生日のお客さまだから」など、はっきりとした理由をもって行ないたいものです。

Switch 10

一人（一組）のお客さまのために、時間と手間をかけて、目に見える準備する

お題

どんな準備をすれば、お客さまは特別感を得られるでしょうか？

11 ワンランク上の「ひと手間」は似顔絵!?

先ほど、「一人のために手間と時間をかける」というスイッチを紹介しました。それをさらに深めた事例とスイッチをご紹介します。

先ほど事例としてあげたのは、「ふせんを貼った本」と「ウェルカムカード」でした。これらは一人のために心をこめて手間をかけたのは事実ですが、実際そこで行なったことや文章の内容は他のお客さまと同じ内容になることがあります。

さらにこのスイッチを深めて、**完全に「一人のためだけ」とはっきりわかること**はできないものでしょうか。

それを実際に行なっているお店があります。前著でも登場していただいた美容室 Splash さんです。お店に一歩入るだけで温かい気持ちになれる美容室です。

どんなことをしているか。美容室ですから、お客さま一人ひとりに合わせたカットやスタイリングをしていくのは当たり前です。それはどの美容室でも行なうことでしょう。クチコミスイッチのポイントは、「他とは違うこと」です。他ではやっていないこと、他では得られない体験。その点から見れば、お客さま一人ひとりに合わせたカットではクチコミは起きにくいでしょう。

Splashさんで行なっているのは、**「紙コップに似顔絵」を描く**ことです（2014年12月現在）。お客さまは美容室内でそれなりに長い時間を過ごしますから、飲み物がほしくなる時もあります。チャンスはその時です。お客さまの似顔絵が描かれた紙コップで、飲み物を提供するのです。

実際に、私もいただきました。左ページの写真が私の似顔絵が描かれた紙コップです。これはうれしいものです。

Splashさんは、常にお客さまのことを考え、どうしたら喜んでいただけるかを考えているお店です。このアイデアはスタッフさんの発案ではじめたそうです。他にもいろいろな取り組みをされています。

一人のお客さまのために手間をかけるといっても、似顔絵は他のお客さまとは同じにはなりません。そのお客さま一人のために、どう描くか考える。**完全に一人のお客さまのために時間とアイデアを使っている**のです。

実際に、この紙コップはお客さまに大好評とのこと。スマートフォンで写真を撮る方も多く、持ち帰るお客さままでいるそうです。写真に撮ってもらえるということは、次の展開（ＳＮＳでの拡散の可能性）があるということですね。

このアイデア、すごいと思いませんか？　きっと、多くの方がいいアイデアだと思っていると思います。しかしです。「うちでもやってみよう」と思いましたか？　おそらくですが、99％の方はやらないでしょう。仮にこのアイデアのことをいいと思ったとしても、「すごいな」とか「そこまでやれば喜ばれるだろうな」とは思いながらも、「うちでは難しい」「できない」と思う方が大半だと思います。

だ・か・ら・こ・そ。価値があるのです！

失礼を承知ながら申し上げると、Splashさんの似顔絵は、ものすごく上手なわけではありません。似顔絵のプロじゃありませんから。でも、それでいいのです。本当に絵が苦手であれば練習が必要ですけど、やろうと思えば、だれでも、どのお店でもチャレンジできるものです。技術ではなく、心をこめて、手間をかけたことが大事なのですから。

まわりの人が面倒くさいと思ってやらないこと。これはチャンスです。楽して売上を上げたい方には取り組めないスイッチなのです。

もうひとつ、Splashさんについて。スタッフさんは似顔絵のプロではありませんが、「お客さまに喜んでいただく」という意味では「プロ中のプロ」です。

Switch 11

お題

「面倒だから」と、他店では取り組まないことで、お客さまに手間をかける

「やれば喜ばれる。でも面倒だ」と思うことはどんなことがありますか？

12 おみくじは「共通話題」になるから、話してもらえる

「おれ、今年は大吉だったよ！」
「いいなぁ。ぼくなんて凶だよ」
「まあまあ、凶はこれから芽が出るって言うじゃん」

このような会話は、お正月にはよくあるでしょう。

初詣で引いたおみくじの運勢を言い合うのは、なんてことのないごく普通の光景です。おみくじの写真を撮って、ＳＮＳ上に投稿する方もたくさんいらっしゃいますよね。**「おみくじ」というのは日本人にとって、とてもなじみのあるものであり、さらに多くの人がほぼ同時期に体験するので、共通の話題になりやすい**のです。

おみくじを引く時は、「どんな運勢が出るかな？」とドキドキと楽しいものです。感覚的ではありますが、**日本人でおみくじが嫌いな人はあまりいない**ようです。というのも、弊社では販促ツールとして「オリジナルおみくじ」を企画制作しており、さまざまな業種の店舗

でイベントなどとして使っていただくのですが、どこでも盛り上がっているようなのです。

例えば、都内にあるリラクゼーションサロン、クイック24さんの1月のキャンペーンで、お店オリジナルのおみくじを作成して、来店くださったお客さまに1枚ずつ引いていただきました。クイック24だから「くいっくじ」。いいでしょう。社長が考えたネーミングです。すると、当日のリピート・当日のクチコミ集客が起きたのです。

あるお客さまがお昼頃に一人で来店し、帰りにそのおみくじを引いて帰られました。そして数時間後、そのお客さまは別のお客さまを三人も連れて、合計四人でまた来店してくださったのです。

その日のうちのリピーターです。しかも三人も連れて。どうもその日は、友人同士で飲んでいたようで、その席で「お店のオリジナルおみくじ」が話題にあがったようなのです。おみくじには次回来店時のサービスクーポンもついていたので、その場で来てくれたというわけです。おみくじが「会話の入り口」をつくったのですね。

おみくじの運勢は「自分ごと」になります。お客さまが自分自身の手で引き当てたもの、「自分ごと」だからこそ人にも言いたくなります。そして、おみくじは「相手も知っている

もの」「ほとんどの相手にも経験があり、興味を持っている可能性の高いもの」だからこそ、話が盛り上がる可能性が高く、話題にしやすいのです。

このおみくじは、私が参加させてもらうイベントやセミナーでも時折持参します。すると、その日や翌日に写真を撮って Facebook に投稿してくださる方も多くいらっしゃいます。**おみくじは、目に見えるモノとして残りやすいことと、だれもが知っている共通話題になり得ること、さらにそれがオリジナルバージョンでカスタマイズされているのが面白味になっている**のでしょう。

お店の販促で利用する時には、「当たりく

じ」を入れたり、次回使えるクーポンをつけたりします。ただ単に、「おみくじをどうぞ」とすすめるよりも、「おみくじで○○が当たるかもしれません」としてご案内したほうが、お客さまにとっても「引く理由」が生まれるからです。次回利用時のクーポンをつけると、リピート利用の促進にもつながります。

Switch 12

だれもがわかる「共通話題」になるツールを提供する

お題

どんなツールなら、共通の話題になりそうですか？

13 捨てられない理由がある

前述の「オリジナルおみくじ」から話は続きます。

おみくじが会話の入り口をつくることでクチコミにつながったエピソードを紹介しました。そもそも、これらお客さまはどうしておみくじを話題にしたのでしょうか？

「話したら盛り上がりそう」という理由の前に、大事なポイントがあります。それは、おみくじが**「手元に残っていた」**こと。そう、捨てなかったことです。これがとても重要です。

もし捨てられてしまったら、話題に上がる確率はぐーんと落ちてしまうでしょう。例えばどこかのお店でチラシをもらっても、いらなければすぐにゴミ箱行きでしょう。そうしたら、話題にあげる以前に、思い出すきっかけすらなくなってしまうのです。ですから、お客さまの「手元に残る」というのは、とても大事なことなのです（あくまでも商売人の視点です）。

では、どうしておみくじは捨てられなかったのでしょうか。理由は3つあります。

1つは、おみくじの**「形状が他とは違う」**こと、異物感があることです。普通お店からお客さまにお渡しする販促物は、A4・A5サイズのチラシやパンフレット、3つ折りにしたリーフレット、カード等です。「おみくじ」のようなものはまずありません。形が他とは違うので、お客さまも他の販促物とは違った捉え方をしてくれます。

2つ目は、お客さまが**「自ら引いたもの」**だということ。受動的に受け取ったものではなく、お客さまが自分の手で選んで引いたものだからです。自分で行動をし、受け取ったものには価値を感じるでしょう。

3つ目は、**「ご利益もの」**だということ。パロディのおみくじとはいっても、おみくじはご利益ものに当たります。あまり粗末な対応はしづらいものであるのです。

お客さまの手元に残ること。これは思い出してもらうために、そしてクチコミの場面で、第三者に実際に見せていただくためにも大事なポイントです。

Switch 13

お題

手元に残る、捨てづらいツールを提供する

どんなツールなら捨てづらくなりますか?

14 ヒロイン・ヒーローを演出しては?

もう20年くらい前でしょうか。「ボキャブラ天国」という人気テレビ番組がありました。

本書をお読みの多くの方も、見ていたのではないでしょうか。番組の中に視聴者からネタを募集するコーナーがあり、当時高校生だった私は、せっせとネタを考えて毎週のように応募していました。

そして、努力のかいあって、一度、採用されたのです！　そして、あの「ボキャ天小座布団」が自宅に届き、大興奮しました。恥ずかしいから言いたくないような、でもやっぱり言いたい気持ちもあって、近い友だちには自慢してしまいました。その後もしばらく、ボキャ天小座布団は私の自慢のネタでした。

人は、自分がヒロイン・ヒーローになると人に言いたくなるものです。ハレの舞台に立ったら、人にも見てほしく、知ってほしくなるものです。そしてほめてもらいたい。そこで、お店でお客さまをヒロイン・ヒーローとして演出してみてはいかがでしょう。

エステサロン用の化粧品メーカーであり個人エステサロンの経営サポートを手がけるアンブレラグロウ株式会社さんは、エステサロンのオーナーさんをヒロインとすることで、クチコミを生み出しています。

アンブレラグロウさんは、２０１５年6月から小冊子の発行をはじめました。私も企画から参加させていただき、毎号練りに練ってつくっています。女性誌の体裁をとりながら、「エステサロンの個人オーナー応援冊子」というスタンスで、クライアントのサロンさんや見込み客に送っています。

発行の狙いはいくつかあります。まずはアンブレラグロウさんがサロン繁盛のために真剣に考えていることを伝えるため。そして、その点において信頼をいただくためです。メーカーとしてサロンに選ばれるには製品の品質の高さも大事ですが、他のメーカーよりもサロンの商売繁盛に対して1歩も2歩も深く入り込んで、「信頼」を得ることが大切です。これはメーカーとして選ばれるための狙いですが、見込み客を増やす点でも狙いがあります。それが「ヒロイン作戦」です。

この冊子の表紙には、繁盛サロンオーナーの方に登場いただいています。初回の冊子では、新規受付が40人待ちにもなっている、大人気サロンFINOさんの樋口オーナーに登場いただきました。さらに、樋口さんには表紙だけでなく「集客美女story's」というコーナーでも取材をさせていただき、開業してから苦労して大繁盛店になるまでのストーリーを掲載させていただきました。つまり、樋口さんには、この号のヒロインになっていただいたのです。

そして、この冊子が完成したら何が起きるでしょう？　当然ですが、アンブレラグロウさんのクライアント、見込み客に届けられます。また、アンブレラグロウさん主催のセミナーなどで配布されます。私の媒体でも紹介させていただきました。

さらに注目したいのは、もうひとつの広がり方です。

表紙に登場していただいた樋口さんのブログやFacebookでも告知をしていただけたのです。樋口さんはサロンオーナー仲間も多く、一目も二目も置かれている存在で、ブログは多くのサロンオーナーにも読まれています。

ここがポイントです。その**ブログ読者やFacebookでのつながりに、アンブレラグロウさんにとっての潜在客（見込み客）**がたくさんいるのです。樋口さんという**信頼できる人物を通して、会社の存在が知られるようになる**ということです。アンブレラグロウさんにとって大きな告知となります。

では、お店でお客さまにヒロイン・ヒーローとなっていただく「ハレの舞台」にはどんなものが考えられるでしょうか？　例えば、大喰いメニューチャレンジで成功した方を店内に写真付きで掲示したり、店内のニュースレターで発表したり。また、お客さまからサラリーマン川柳を募集して、その結果を発表するというのもハレの舞台ですね。

単純に「紹介された」のではなく、「限られたお客さまだけ」「条件をクリアしたお客さまだけ」が立てるハレの舞台にしましょう。限られた人だからこそ、ほめてもらえる要素になりますし、人に言いたくなるのです。

Switch 14

お題

お客さまをヒロイン・ヒーローにしてハレの舞台に立ってもらう

お客さまをヒロイン・ヒーローにする舞台はどこにありますか？
また、どんな場面ならヒロイン・ヒーローになりそうですか？

15 「どうして、あなたのお店に行くといいのですか？」

どうして、あなたのお店に行くといいのですか？

この質問に、3秒で応えてみてください。


どうでしょう。答えられましたか？ 3秒です。

この質問に対してすぐに、そして具体的な言葉で答えられるかが、「待ちのクチコミ」をつくれるかどうかの分かれ道です。


クチコミが起きる場面は大きく2つです。1つ目は、何か感動体験をしたことで、話したくなって自ら相手に話してしまう場面。これはお客さまの気持ちが高まるスイッチを押すことでクチコミをつくるので、**「攻めのクチコミ」**としましょう。これまでに紹介してきたスイッチはすべて攻めのクチコミです。

そして2つ目が、攻めのクチコミに対して、**「待ちのクチコミ」**です。**相手から質問された時や、話の流れの中で口にしてしまうクチコミ**です。これは、お客さまが自ら話すのでははありません。ですから、「待ちのクチコミ」と呼びましょう。

「待ちのクチコミ」は、このような時に起きます。

例えば、友だち同士の話で「ねぇ、今度大阪に行くんだけど、おいしいお店知らない？」と聞かれた時です。こういう質問をされたら、された側は何かしら自分なりの答えを見つけようと頭をフル回転させます。

「そういえば、○○店がよかったよ」

こうして思い出したお店を答えると、そこには発言責任が生じます。

「へぇー、どんなお店？」と聞かれること請け合いですから、それに対する答えも用意しておかないといけません。「○○がすっごく大きいお店なんだよ」とか「大阪で一番○○なお店なんだって」とか、そのお店をおすすめする理由が必要になるのですね。これがないと、お店の名前を出した責任が持てないのです。

クチコミでお店を紹介したなら、そのお店を「おすすめする理由」「行くといい理由」を話すことになります。ですから、お店のことを思い出した時に、理由もセットで思い出せないとクチコミになりにくいということです。

もし、お店の名前だけや、商品がぼんやりと思い出されても、おすすめする理由が見つからなければ、相手には言いにくいのです。仮にお店のことを伝えたとしても、聞いたほうが「行きたい」とは思えないでしょう。お店と「おすすめする理由」はセットなのです。

また、このような時も「待ちのクチコミ」が起こります。

友だちが、「今度、大阪に遊びに行くんだ。楽しみー」と言った時。あなたが大阪でお気に入りのお店があるなら、「時間があったら○○にも行ってみて、すごくいいから」と言いたくなるでしょう。聞かれなくても、お気に入りのお店なら言いたくなるのです。

人は自分のことを認めてほしい生きものですから、自分の経験を話したがります。この場面でもやはり「おすすめする理由」は必要です。おすすめをされたら理由を知りたくなるものですから。

このように「待ちのクチコミ」には「おすすめする理由」が不可欠です。さらには、本章で紹介してきた**「会話の入り口」をつくるクチコミスイッチはすべて同じように「おすすめする理由」が必要**です。

お店のことがクチコミとして話題になっても、「お店をおすすめする理由」「行くといい理由」が続いて出てこなかったら、そのクチコミは来店にはつながりません。ひいては、お店を運営しているあなたの口からその理由が瞬間的に出てこなければ、お客さまの口からも出てくるはずがありません。会話の入り口をつくれたら、その次のステップが必要です。それが「行くといい理由」なのです。

まずはお店として、「お店をおすすめする理由」「行くといい理由」を明確にしておきましょう。「〇〇だからおすすめ」「〇〇だから行ってみて」の言葉にあてはめてみてください。

結果的にお客さまが話すのはまったく別の内容かもしれませんが、お店として自信を持っておすすめする理由を持っているかどうかで、伝わり具合は変わります。その理由が明確になったら、お客さまにも伝わるよう工夫していきましょう。

Switch 15

お題

お店をおすすめする理由、行くといい理由を具体的な言葉にする

どうして、あなたのお店に行くといいのですか?

3章

「来店・購入」に直結するクチコミスイッチ

1 ほぼ間違いなく「わっ」と驚いてもらえるなら……

本書の冒頭で書いた、女性三人グループの会話を覚えていますか？

「うわぁ〜！　ほんっとに大きい！」

「ねっ！　すごいでしょ！」

これは実際に私の耳で聞いた言葉です。はっきりとわかるのは、この女性客のうち一人はすでにこのメニューのことを知っていて、残りの二人は初めての来店だったということです。つまり、すでに知っている女性がクチコミをして、知人を誘って連れてきたということです。来店までつなげているクチコミが生まれていたのです。

そのメニューはこのお店の看板メニューです。そしてこのお店はクチコミによって大繁盛店になったお店なのです。

そのお店は、渋谷にある焚火家さんという炙り焼きのお店です。

名物の看板メニューは「肉のヒマラヤ」というメニューで、テーブルの焼き網がいっぱいになってしまうくらい大きなお肉のかたまりが出てきます（左ページ写真）。初めて見るお客さまは、提供された瞬間に「わっ」と驚きます。

連れてきた相手が「わっ」と驚けば、誘ったほうはどう思うでしょう？　きっと、「ほらね」と内心ニヤニヤしていることでしょう。思い通りになったのですからね。

「肉のヒマラヤ」のように、びっくりするくらいの大きさがあると、お客さまはほぼ確実に「わっ」と驚いてくれます。それがわかっているからこそ、クチコミで誘ってしまうのですね。

この「肉のヒマラヤ」は、クチコミが大きく広がったため、テレビや雑誌にも何度も登場しました。

私が個人的にめちゃくちゃうれしいのは、この「肉のヒマラヤ」は私の前著『お客さまの記憶に残るお店のリピーターをつくる35のスイッチ』をヒントにして生まれたというのです。うれしくて仕方ありません。

リピーターだけでなく、大きなクチコミまでつくってしまいました。

本当にすごいです。さて、この「肉のヒマラヤ」ですが、インパクトは初めの大きさだけではないのです。焼いて食べる時にもまたエンターテイメントがあるのですよ。むしろ驚きはお肉の登場時よりも大きい。それについては、ここには書けませんので、実際にお店に行ってのお楽しみにしてください。

Switch 16

お題

知人を連れて行けば、相手が確実に「わっ」と驚くことを用意する

見た目で大きなインパクトを残すためには何ができますか?
他に、確実にお客さまが驚くことは何がありますか?

2 普通・当たり前を「不思議」にする

埼玉県の春日部駅から歩いて数分のところにある茶寮、はなあゆさんを訪問しました。私の知り合いが、このお店の洗面所の写真をFacebookにアップしているのを見て、とても不思議に思い、どうしても実物を見たいと思って行ったのです。まさに、クチコミの力に引

き寄せられたわけです。

こちらのお店はメニューへのこだわりはもちろんのこと、店内の内装やしかけにも社長のこだわりと遊び心がたっぷりと詰まっています。中でも注目度の高いものがトイレの横にある洗面台なのです。上記の写真をご覧ください。普通と違うのがわかりますか？

そうなのです。こちらの洗面台は水を受ける桶がないのです。蛇口から出た水は下の板にそのまま落ち、板の中にすーっと消えていくのです。

写真を見た私はとても不思議で、どうしても実物が見たくなりお店まで行ってしまいました。店員さんや社長にお話を伺うと、他のお客様でも同じようなことが起きているようです。二人組で来店されたお客さまの一人がトイレに行って、戻ってくると興奮しながらお連れさまに話すのだとか。

「ね、すごいの！　トイレの洗面台が。あなたも見てきて！」という感じです。こういうことがよくあるのだそうです。**人は不思議なものに出会うと、その不思議の秘密が知りたくなる**ものです。

では、人はどんなものに対して「不思議」と思うのでしょうか。

それは、**普通・当たり前だと思っていたことが覆された時**です。

洗面台というのは、普通はくぼんでいて、水を受ける桶があるもの。そして、水は普通は消えてなくならないもの。その「普通」が覆されたからこそ、不思議という想いがわきます。

その点でいうと、はなあゆさんが洗面所という舞台を選んだのはとても納得のいくものなのです。もしこれと同じしかけが、店頭にオブジェとして飾られていたとしたら、ここまでの注目にはならないはずです。

日常から当たり前に使うものには、お客さまの頭の中に「普通はこういうものだ」というイメージがあるもの。そういう舞台だからこそ、この洗面所はクチコミになっているのです。

Switch 17
お題
お客さまが持っている「普通・当たり前」を覆して「不思議」をつくる
店内のどこにどんな不思議があると、お客さまはびっくりしそうですか?

3 人に見せたくなる「動き演出」

前述した春日部のはなあゆさんのお話です。はなあゆさんには、武器になっているメニューがあります。

注文したお客さまが感動し、次回は別のお客さまを連れてくるものです。すごい武器です。

それが「もこもこ抹茶ラテ」です。

テーブルに運ばれてくると、ガラスのカップに緑色のラテ。上部にはふわふわしたミルクが乗っています。「なるほど、これがもこもこかあ」と思っていると、店員さんがすかさず声をかけてくれます。「では、温かいミルクを注ぎますね」と。そして、店員さんがカップの10㎝ぐらい上からミルクをとくとくと注いでいくと……。

もこもこもこもこ……。

先ほどまで、グラスの縁までだったミルクが盛り上がってきました。

「わあ、すごい！」。見ていてとても楽しい演出です。

これを体験したお客さまには、自慢の一品になります。別のお客さまを連れてきては、この〝もこもこ〟を見せる。そして店員さんと顔を合わせて「やったね！」となることも多いのだそうです。自慢したくなる気持ち、とてもわかります。だれかを連れてきたら、「わあ！」と感動する姿が目に浮かびます。

見てくれれば、必ず感動してもらえる。その確信があるからこそ、人を連れてくるのですね。

このメニューで大事なのは、「ミルクが盛り上がっていること」ではありません。もし、作業をキッチン内ですべて終わらせて、ミルクが盛り上がった状態のものを持ってきたらどうでしょう。お客さまには感動はありません。

お客さまの「目の前」で、もこもこと盛り上がるからこそ、感動するのです。

「目の前での変化」を見せることが大事なのです。これは、きちんと実現できれば武器メニューがつくれるわかりやすいスイッチです。

ただし、勘違いしないでほしいのは、**ただのパフォーマンスではダメ**だということです。品質はなあゆさんは創業して40年以上の老舗の日本茶店の社長が経営しているカフェです。品質にこだわり抜いているからこそお客さまは安心できます。だからこそ、こうしたパフォーマンスが活きるのです。

ただ「お客さまにウケそうだから」という理由で企画しても、本質が伴わないとただのパフォーマンスにとられてしまい、思ったような販促効果は得られないかもしれません。きちんとこだわりを持った商品だからこそ、派手なパフォーマンスも活きる。それを忘れないでください。

ここまで読まれて、気づいたかもしれません。

この「もこもこ抹茶ラテ」は、ミルクが盛り上がってくることがとても不思議に感じるのですが、よく考えると実はそうでもありません。だって、ミルクを注いだらカサが増して表面が浮き上がるのは当たり前のことですから。

はなあゆさんがすごいのは、そこに目をつけたこと。そして、お客さまが盛り上がるような演出方法を編み出したことです。工夫をし続けているからこそ生まれるものですね。

Switch 18

お題

お客さまの「目の前」でメニューのカタチを変化させる

あなたのお店ではどのメニューなら、目の前で変化を起こせますか？

4 「認定証」を渡して、自尊心をくすぐろう

ある日の晩、中学生の長男が私に言ってきました。

「ねぇ父ちゃん、ぼくすごいんだよ」

私がなにかと聞くと、「図書委員になった」とのことでした。そして、学校のカバンをごそごそと探り、1枚の紙を取り出して見せてくれました。「ほらね！」と長男は自慢の表情。それは「図書委員認定証」なるものでした。

今の中学校はこういうものを発行するのですね。「すごいなぁ」と私は思わず唸ってしまいました。人は、認められたらうれしいものです。この認定証は、本人の自覚を促したり、モチベーションを上げるためにつくられたのかと思いますが、クチコミツールとしてもスイッチを押してくれるものです。なぜなら、**認定証を見せれば、相手から「すごいね」とほめてもらえる**からです。

「認定」はシンプルで取り組みやすいスイッチですし、自慢の材料として広がる可能性も高いものです。ぜひ、トライしてみましょう。

また、**認定する条件については、より難易度が高いほうがお客さまの気持ちは高まります。**だれでも受かる試験よりも、超難関の試験に合格したほうが喜びは大きいですよね。一〇〇人中九〇人が認定されるものよりも、一〇〇人中三人しか認定されないもののほうが価値は高いのです。

そして、とても大切なことは、その**認定証が「話題として広がる」かどうか**です。

大学受験や、だれでも知っている資格試験なら「すごいね」「頑張ったんだね」「これから頑張ってね」と応援されますし、話も広がりやすいです。

しかし、**聞いてもよくわからない認定証だと話は盛り上がりづらい**のです。

例えば、お店が独自に「焼鳥認定証」というものをつくって、焼き鳥の味がわかるお客さまだけに渡したとしましょう。認定されて受け取ったお客さまは喜んでくれるかもしれません。しかし、ではこの認定証を友人に自慢で見せたとして、初めて見る人にとってはちんぷんかんぷんです。「ふーん、すごそうだね」と言うのがせいいっぱいでしょう。

ここにだれにでもわかる意味が加わったらどうでしょうか？　例えば、「利き焼鳥2級認定証」。こうなると、見た友人も興味がわきやすくなります。「利き焼鳥ということは、利き酒みたいなものかな？　2級ってどのくらいなのだろう」と。

こういう話の広がりが見込めるなら、認定されたお客さまも、人に言う価値が生まれます。自慢がてらに広げてくれる可能性が高まります。この点はとても大事なことです。クチコミというのは、**発信する人の自己満足だとそれ以上に広がらない**のです。話の広がりが見込めるからこそクチコミのしがいがあります。

話題として広がっていくためには、**「だれでもわかる認定内容にすること」**そして**「お客様の努力や実力があるからこそ認められるもの」**であることが望ましいです。

また、「認定証」ではありませんが、お客さまがランクアップする方式も同じスイッチです。何度も来店してスタンプカードを貯めると、カードの色が変わって「大関会員」とか「プラチナ会員」などになるもの。これもお客さまの努力、行動が認められてのものですね。

この認定証スイッチには、クチコミ効果があるだけではありません。お客さまの「ステータス感」を上げることができるのです。「オレは利き焼鳥2級なんだぞ」という他のお客さまとは違うんだというプライドを持っていただくことができるのです。これを感じたお客さまは、あなたのお店をひいきしてくれるはずです。

Switch 19

お題

お客さまの努力や実力を認定証で示す

あなたのお店をよく知るお客さましかできないことは何ですか？
どんなことを認定しますか？

5 「笑える悲劇」は言いたくなる

２０１４年の夏、私自身の話です。

「妖怪ウォッチ」というアニメが幼稚園児から小学生を中心に大人気になっていました。幼稚園児の息子がいるわが家も、もれずにハマっていました。

ある日のこと。妖怪ウォッチの特別なグッズが発売になるとのことで、とても早起きをして、電器店に並びました。お店についたのは4時半頃。はい。朝の4時半です。しかし、この時すでにたくさんの人が並んでいました。先頭から数えてみると、わが家は１１０番目ぐらい。さすがに驚きました。「かなり早く来た」という自信がありましたから。

後から来たお客さんが、この行列を写真に収めていくことも少なくありませんでした。早朝からこんな行列は珍しいですから。

しばらく並んでいると、お店のスタッフさんが来て整理券を配りはじめます。110番目のわが家は、残念ながら整理券を手にすることができませんでした。「朝の4時半から並んだのに手に入らないとは……」。さすがに驚きました。悔しいというよりも、驚きのほうが大きかったです。

この後、私はどうしたでしょうか。このエピソードをいろいろな人に話してしまいました。「朝の4時半から並んだのに買えなかった」と。喜ばしい体験ではないけど、ちょっとした自虐ネタにはなりますから。

このようなことを**「笑える悲劇」**と呼びましょう。

本当の悲劇だとネタにはなりませんが、笑える悲劇であればネタになります。「自分は悲劇を体験した」というちょっとした自慢を含んだ自虐ネタになるのですね。

お客さまに「悲劇」を体験していただくのはとても難しい企画ですが、方法はあります。

例えば、上述のように**「限定数」**にする方法は、楽しみにして買いに行ったけれど完売で買えなかったというもの。限定数にきちんと意味があれば、納得のできるものになります。

また、**ゲーム性**を持たせて悲劇を体験していただくことも可能です。例えば「ロシアンたこやき」がわかりやすいですね。カラオケ店や、楽しさを演出する飲食店で見かけることがあります。数個のたこ焼きのうち1つだけ、激辛の材料が入っているものです。場が盛り上がりますし、激辛に当たった方の表情は写真スポットにもなります。悲劇体験として人にもしゃべってしまうネタにもなるでしょう。

Switch 20

お題

お客さまに「笑える悲劇」を体感してもらう

どんな悲劇なら、笑えるでしょうか?

5 「わたし自身の商品化」が非日常を生む

人は、人に認めてもらいたい生きものです。だから、「認めてもらいやすいもの」を提供すればいい。そんなスイッチです。

株式会社栄通さんが販売している「プリロール」という商品は、人に認めてもらいやすく、人に言いたくなる商品です。プリロールとは、「プリントロールケーキ」の略称で、文字通り、プリントできるロールケーキです。お客さまが、**自分が撮った写真や子どもが描いたイラストをそのままロールケーキ生地にプリントしてくれるもの。**誕生日や母の日などのイベントにぴったりの商品です。八王子に実店舗があり、ネットで全国通販もしています。

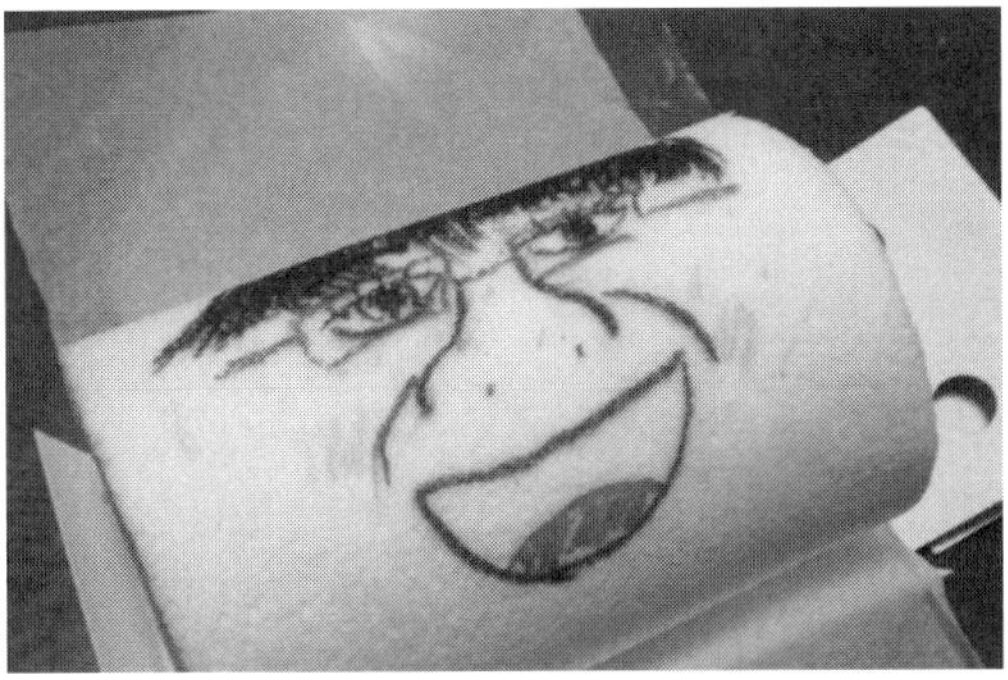

これが自宅に届いたらどうでしょう。例えば、恋人の誕生日に、サプライズでプリロールを注文される方が多くいらっしゃいます。恋人との2ショット写真がプリントされたケーキが自宅に届くのです。これを見たら、相手はびっくりです。自分たちがケーキ生地にプリントされているのですから。写真に撮って残しておきたくなるし、そのままSNSで投稿するのも自然の流れです。事実、たくさんの

お客さまがブログやツイッターに投稿しています。

記念日のケーキは、通常は完成品をお店で買うものです。そこに自分の写真が入っていることはまずありません。だからプリロールは非日常の体験になります。

まわりの人には関係のない事柄ですが、人に言いたくなる商品です。これを見たらまわりの方はどんな反応をするでしょうか？ きっと「すごいね！」とか「誕生日おめでとう」といった言葉をかけてくれるでしょう。この口コミは、「認めてほしい」スイッチになっているのです。

Switch 21

お題

商品の中にお客さま個人のお名前や写真、イラストを入れる

どの商品・どんな場なら、お客さまの情報を入れられますか？

7 「え？ いいの？」。人はタブーを冒したがっている

「ね、絶対にだれにも言わないでね！」

「うん、わかった」

「約束だよ、絶対ヒミツだよ」

このような約束は残念ながら破られる運命にあるようです。その内容が秘密であればあるほど、人は人に言いたくなるものです。もし、「宝くじが当たった」なんて漏らしたら、翌日には「おごって」「おごって」の嵐でしょう。


また、こんな経験はありませんでしたか？　学生の頃、学校に到着し、友だちの席に話しに行くと、友だちがノートをさっと閉じて引き出しの中にしまいました。「何を書いてたの？」と聞いてもはぐらかされる。

中が気になりませんか？　もし、教室にだれもいなくなったら引き出しを開けてチラリとのぞいてみたくなりませんか？　隠されたのですから。


「鶴の恩返し」の物語も同じです。やってはいけないと言われていることは、やってみたくなるものです。**タブーと言われているものを冒してみたくなる**のも人間です。「冒す」という言葉には**「危険や困難を覚悟の上であえてする」**という意味があるそうです。人はそういうことに魅力を感じるのですね。

そして、そうした**タブーを実際に冒して手に入れた情報や、タブーを冒したという事実はクチコミとして人にも言いたくなる**ものです。

私自身が新聞の記事で読んで、興味を持ち、どうしても飲んでみたくなった牛乳があります。それを手に入れると、その牛乳について何人にも話してしまいました。そして、その話を聞いた知人もすぐに買いに行きました。さらに広がっていったということです。

実はこの牛乳、「タブーを冒す」牛乳なのです。

なかほら牧場という牧場で生産された牛乳で、岩手県の山の中で放牧されている牛の牛乳です。とてもこだわっている牛乳ではあるのですが、話材のポイントはそこではありません。

その牛乳を求めて私は銀座のお店に行きました。しかし、お店に着いて並んでいる牛乳を見て迷いが生じました。牛乳についているラベルを見ると、賞味期限が翌々日、または3日後だったのです。

「並んでいるのは古いのかな」と思って、店員さんに聞いてみました。「賞味期限、短いんですね」と。すると意外な答えが返ってきたのです。

「ノンホモ低温殺菌牛乳のため、賞味期限はおっしゃる通り短いのですが、当牧場の牛乳は冷温熟成しますので、賞味期限の当日あたりから旨味が増します。賞味期限の3～7日後が一番おいしいしいと言う方もいるんですよ」

びっくりしました。**「賞味期限が過ぎてからがおいしい」**、期限を過ぎてから飲んだほうがいいだなんて、完全に予想外の言葉でした。

我われは**「賞味期限内に食べる」という基本的な概念を持っていますから、期限後というのはその概念を破る**ことになります。タブーを冒すことになるのです。

（ちなみに、なかほら牧場のホームページには注意書きがあります。「賞味期限は『賞味期限内に販売することが望ましい』という決まりごとで、『表示日を過ぎたものは飲めない』ということではございません。ただしヘンな臭いがしたら飲まないでください」と（2015年5月現在））

実際に飲んで、タブーを冒した私は、何人もの人に話しました。そして私が知る限りでもその連鎖はいくらか広がったようです。タブーを冒すのはある意味、冒険です。人は冒険した時に人に話したくなるのですね。それを話せば「すごいね」と言われますから。

ただし、お店で「タブーを冒す」販促を実施する時はお客さまの安全を確保してください。大事なのはお客さまが「当たり前」「常識」「やっちゃいけない」と思っていることを「できる」ようにしてあげることです。その点ではストレス発散のお皿割りイベントなどもタブーを冒すスイッチになりますね。

Switch 22

お客さまが「やってはいけない」と思っているタブーを、正式にできるようにする

お題

どんな工夫や開発をしたら、タブーを実現できそうですか？

普通よりも5倍も高いと、理由が気になる

前述の「なかほら牧場」の牛乳には、もう1つクチコミの話材があります。それは価格で

す。ちょっと高いのです。いや……、ちょっとではありません。

通常、スーパーで売られている牛乳は1000mlで200円程度でしょう。なかほら牧場の牛乳は、それより量が少なくて、それより高いです。どのくらい高いと思いますか？

2倍？　いえいえ、もっとです。

3倍？　いえ、もっとです。

実は、720mlのビンで、1188円（税込、2015年6月）もするのです。1000mlに換算すると、1650円になりますから、一般的な牛乳と比べると約8倍のお値段です。とても高いです。

これもクチコミの話材になります。

「1本1000円以上もする牛乳を飲んだよ」と（人は話す時、細かい数字よりもイメージ優先になるので、数字はざっくりになります）。

それを**聞いた人は、その理由を知りたくなります。**これが通常の2割増しくらいの価格だったら、「何か高級なんだろうな」と、なんとなく想像します。わざわざ理由を聞かないでしょう。しかし、8倍の価格だと気になります。普通では想像できない何かがあると思うでしょう。だから聞きたくなるのです。

その質問が出ると、商品にとって、とてもいい影響があります。なぜなら、**その会話の続きは商品のこだわりについての話になる**のですから。

「この牛乳は岩手の山奥で放牧をされている……」と、知っている知識を話すことになるでしょう。そして「なるほど」と聞いた人が納得すれば、見込み客が一人増えたのと同じです。

他にも、私はペットボトル1本が400円もするお茶を購入したことがあります。コンビニで150円のお茶のとなりに並んでいた400円のお茶。これも同じような話材になりました。

少し脱線しますが、これらは飛び抜けて高いといっても、1188円とか400円という価格です。高級レストランで何万円もするのとは違います。同じカテゴリのまわりの商品と比較すると飛び抜けて高いけれども、日常買える範囲の金額であるという点も見逃せません。

1188円という価格は、街中のおしゃれなカフェでランチをすればそのくらいしますし、400円という価格は居酒屋のビール1杯と変わりません。この額であれば、ちょっと興味があるくらいでも購入することができます。清水の舞台から飛び降りる必要がないのです。**クチコミはお客さまの実体験を元にして生まれるものが強力であり、説得力がありますから、手軽に体験できる価格というのは大事なポイントです。**

お店でこのスイッチを実践する時には、**元々お手頃価格な商品を活用して、5倍以上の価格設定をしてみましょう。**お客さまには「何でこの価格なの？」「何でこんなに高いの？」と聞かれるでしょうから、納得できる理由と納得できる品質は確保してください。

例えば、「3000円ビール」はどうでしょうか。いくつかのお店で共同イベントにしたら面白くなると思います。各店で付加価値をつける工夫をしないとできませんし、この工夫から、これからの商売のヒントが生まれると思うのです。

Switch 23

飛び抜けて高い商品をつくる

お題

価格を5倍にしても、購入しやすいお手頃な商品は何かありますか？

9 数ヶ月も前のこと、覚えていてくれたの？

とびきりうれしいエピソードもクチコミの話材になります。これは私自身の話です。都内で打ち合わせがあり、ランチも兼ねて六本木のレストランに入りました。打ち合わせをしながら食事が終わると、お店の方が食器を片付けてくれました。そしてすぐ、ある男性スタッフの方が私に声をかけてくれました。

「あの、眞喜屋様ですよね？　本日はご来店ありがとうございます」と言って、サービスでコーヒーを提供してくれたのです。

実は、こちらの男性スタッフの方は一度だけお会いしたことのある方でした。数ヶ月前に、私がある飲食企業さんの社内販促研修会をさせていただいた際に参加してくださった方だったのです。その時はほとんどお話ししなかったはずですが、顔を覚えていてくれたようなのです。私自身はそのレストランが研修をさせていただいた会社のお店だと知ってはいましたが、予約はしていなかったので、スタッフさんは私が行くことを予想していなかったはずです。

数ヶ月前のことなのに、覚えていてくれた。見つけてくれた。そして声をかけてくれた。私自身もまったく予想していませんでしたから、かなりうれしいことでした。

同じような体験をしたことがある方はいらっしゃるのではないでしょうか？**しばらく前に一度行っただけのお店なのに、スタッフさんが顔を覚えてくれている。**それは客側にとってとてもうれしいことです。私はうれしくて、何人もの人にその感動を伝えてしまいました。「すごい人がいるんだよ。数ヶ月前に一度会っただけなのに、顔を覚えてくれていたんだ」と。

その店の常連で、顔見知りであればクチコミにはなりません。その場合は覚えていることが当然になっていて、逆に覚えていなかったら不満になるでしょう。

しかし、一度しか行ったことのないお店、しかもしばらく前であれば、お客さまは「覚えてもらっている」とは予想していません。だからこそ、スタッフさんが覚えてくれていた時の感動が高まります。

このクチコミでは、商品については伝わっていません。「おいしかった」とか「素材が新鮮だった」など、そういう話は出てきません。それでもいいのです。スタッフさんの素晴らしさが伝わっていますから。**そんなに素晴らしいサービスをするスタッフさんがいるのなら、きっといいお店だろうという「信頼」が伝わっています。**信頼が広がること、これはクチコミの本質部分でもあります。なにか大事な時に「このお店なら大丈夫」という記憶が残ればそれは大成功です。

また、別の視点から見ても、このクチコミの話材は有効です。6章で「クチコミ集客に超重要な8つの記憶」を紹介しますが、その中に「接客の好印象」というものがあります。このスイッチはその項目に当たります。

Switch 24

お題

しばらく前に来店されたお客さまの顔を覚えていて、それを知らせる

どんな声をかけたら、覚えていることを伝えられますか?

10 予想をはるかに上回る「こだわり」はステータス感を生み出す

2章でも登場した炭火焼鳥「小鉄」さんのことを人に話す時、私が決まって言うことがあります。それは、「焼鳥のもも串では、ひと口目のお肉（串の先のお肉）と3口目のお肉（串の手元側のお肉）で部位を変えていること」です。「もも肉」といっても、脚のつけ根の部分と足先に近い部分ではわずかに味わいが違うのだそうです。だから、はじめに口に入る部分と、最後に口に入れる部分を意図的に順番に並べて串に刺すことで、ひと串を存分に楽しんでいただけるようにしているのだそうです。

すごくないでしょうか？　このこだわり。

はじめは知らずに食べていたのですが、この話を聞いてからは忘れられず、ものすごく意識するようになりました。さらに、何度も人に話してしまいます。自分のことでもないのに、まるで自分の子どもを自慢するかのように。

なぜこんなにも話してしまうかというと、**予想以上のこだわりを知ったことで、「これだけこだわっているお店で食べた自分」に対してステータスを感じられる**からです。

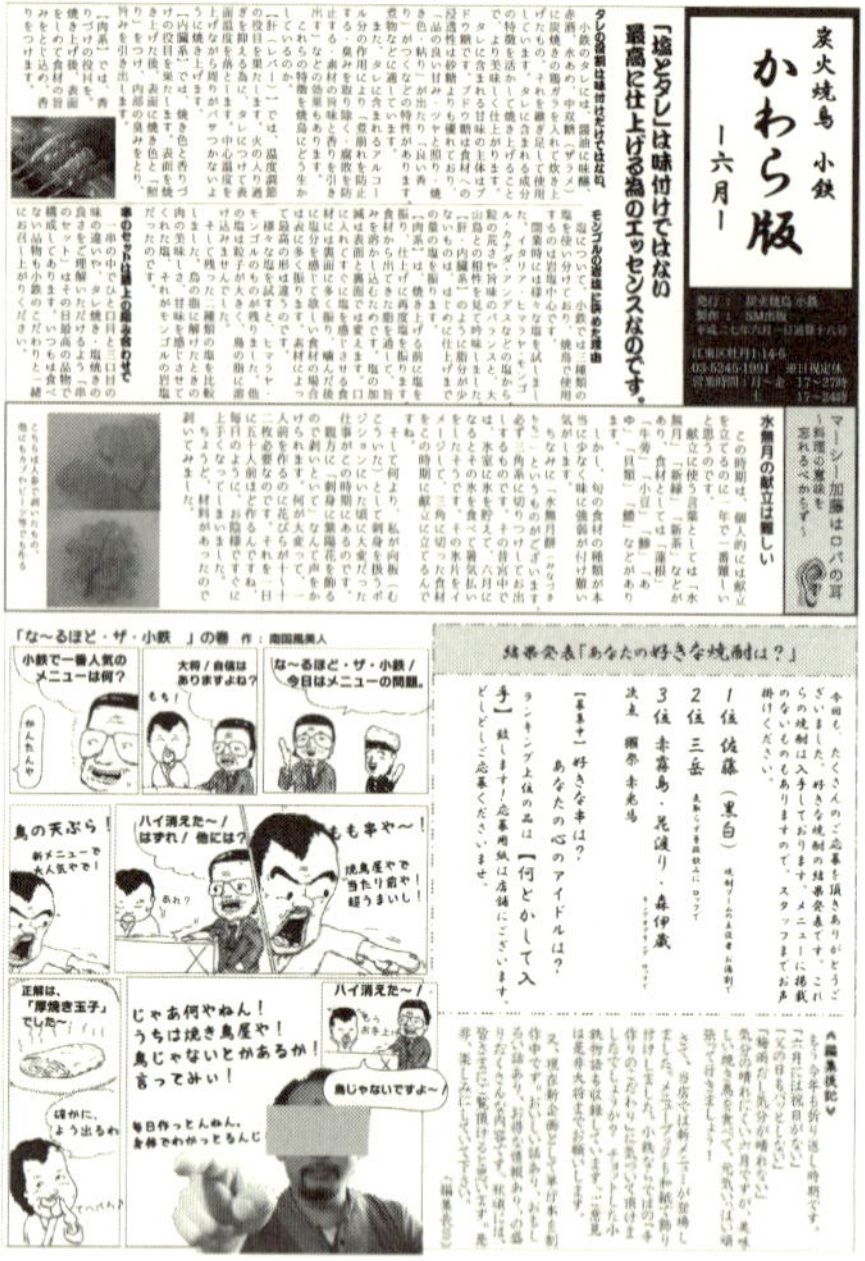

通算十八号　炭火焼鳥　小鉄　かわら版

炭火焼鳥　小鉄

かわら版

―六月―

発行：炭火焼鳥 小鉄
製作：SM出版
平成二七年六月一日通算十八号
江東区牡丹1-14-6
03-5245-1991　日祝定休
営業時間：月〜金 17〜27時
土 17〜24時

「塩とタレ」は味付けではない最高に仕上げる為のエッセンスなのです。

タレの役割は味付けだけではない

小鉄のタレには、醤油に味醂、赤酒、水あめ、中双糖（ザラメ）に炭焼きの鶏ガラを入れて炊き上げたもの。それを継ぎ足して使用しています。タレに含まれる成分の特徴を活かして焼き上げることで、より美味しく仕上がります。

タレに含まれる甘味の主体はブドウ糖です。ブドウ糖は食材への浸透性は砂糖よりも優れており、「品の良い甘み・ツヤと照り・焼き色・粘り」が出たり、「良い香り」がつくなどの特性があります。煮物などに適しています。

また、タレに含まれるアルコール分の作用により「煮崩れを防止する・臭みを取り除く・腐敗を防止する・素材の旨味と香りを引き出す」などの効果もあります。

これらの特徴を焼鳥にどう生かしているのか。

【肝（レバー）】では、温度調節の役目を果たします。火の入り過ぎを抑える為に、タレにつけて表面温度を落とします。中心温度を上げながら周りがパサつかないように焼き上げます。

【内臓系】では、焼き色と香りづけの役目を果たします。表面を焼き上げた後、表面に焼き色と「照り」をつけ、内部の臭みを引き出します。

【肉系】では、香りづけの役目を。焼き上げ後、表面をしめて食材の旨みをとじ込め、香りをつけます。

モンゴルの岩塩に決めた理由

塩について、小鉄では三種類の塩を使い分けており、焼鳥で使用するのは岩塩中心です。

開業時には様々な塩を試しました。イタリア・ヒマラヤ・モンゴル・カナダ・アンデスなどの塩から、大粒の荒さや旨味のバランスと、大山鳥との相性を見て吟味しました。

【肝・内臓系】のように脂分が少ないものは、はじめに仕上げまでの量の塩を振ります。

【肉系】は、焼き上げる前に塩を振り、仕上げに再度塩を振ります。食材から出てきた脂を通して、旨みを溶かし込むためです。塩の加減は表面と裏面では変えます。口に入れてすぐに塩を感じさせる食材には裏面に多く振り、噛んだ後に塩分を感じて欲しい食材の場合は表に多く振ります。素材によって最高の形は違うのです。

様々な塩を試すと、ヒマラヤ・モンゴルのものが残りました。他の塩は粒子が大きく、鳥の脂に溶け込みませんでした。

そして残った二種類の塩を比較しました。鳥の脂に解けたときの肉の美味しさ、甘味を感じさせてくれた塩、それがモンゴルの岩塩だったのです。

串のセットは最上の組み合わせで

一串の中でひと口目と三口目の味の違いや、タレ焼き・塩焼きの良さをご理解いただけるよう「串のセット」はその日最高の品物で構成してあります。いつもは食べない品物も小鉄のこだわりと一緒にお召し上がりください。

マーシー加藤はロバの耳
〜料理の真味を忘れるべからず〜

水無月の献立は難しい

この時期は、個人的には献立を立てるのに一年で一番難しいと思うのです。

献立に使う言葉としては「水無月」「新緑」「新茶」などがあり、食材としては「蓮根」「牛蒡」「小豆」「鮎」「あゆ」「貝類」「鱧」などがあります。

しかし、旬の食材の種類が本当に少なく味に強弱が付け難い気がします。

ちなみに「水無月餅（みなづき）」というものがございます。必ず三角形に切りつけしてお出しするものです。その昔宮中では、氷室に氷を貯えて、六月になるとその氷を食べて暑気払いをしたそうです。その氷片をイメージして、三角に切った食材をこの時期に献立に立てるんですね。

そして何より、私が向板（むこういた）として刺身を扱うポジションにいた頃に大変だった仕事がこの時期にあるのです。親方に「刺身に紫陽花を飾るので剥いといて」なんて声をかけられます。何が大変って、一人前を作るのに花びらが十〜十二枚必要なのです。それを一日に五十人前ほど作るんですね。毎日のように。お陰様ですぐに上手くなってしまいました。

ちょうど、材料があったので剥いてみました。

こちらは人参で剥いたもの。他にもカブやビーツ等でも作る

「な〜るほど・ザ・小鉄　」の巻　作：南国鳥美人

結果発表「あなたの好きな焼酎は？」

今回も、たくさんのご応募を頂きありがとうございました。好きな焼酎の結果発表です。これらの焼酎は入手しております。メニューに掲載のないものもありますので、スタッフまでお声掛けください。

1位　佐藤（黒白）
2位　三岳
3位　赤霧島・花渡り・森伊蔵
次点　獺祭　赤兎馬

【募集中】好きな串は？　あなたの心のアイドルは？

ランキング上位の品は【何とかして入手】致します！応募用紙は店舗にございます。どしどしご応募くださいませ。

編集後記

もう今年も折り返し時期です。「六月には祝日がない」「父の日もパッとしない」「梅雨だし気分が晴れない」気分の晴れにくい月ですが、美味しい焼き鳥を食べて、元気いっぱい頑張って行きましょう！

さて、当店では新メニューが登場しました。メニューブックも和紙で飾り付けしました。小鉄ならではの「手作りのこだわり」に気づいて頂けましたでしょうか？　チョットした小鉄物語も収録しています。ご意見は是非大将までお願いします。

また、現在新企画として単行本を制作中です。おいしい話あり、おもしろい話あり、お得な情報あり。の盛りだくさんな内容です。秋頃には、皆さまにご覧頂けると思います。是非、楽しみにしていてください。

単純に「こだわっています」と伝えたところで、このようなクチコミは生まれないでしょう。**お客さまの予想をはるかに超えたこだわりだからこそ人に言いたくなる**のです。

これはクチコミの本質を突いたスイッチです。ぜひじっくりと考えて自分流・自店流を生み出してほしいです。

では、お客さまにはどのようにして伝えればいいでしょうか。「うちってこんなにこだわっているんだぜ」とばかりに店主が伝えても、自画自賛の自慢に聞こえてしまいます。自慢として伝わった情報はクチコミしづらいものです。**やはり別のお客さまなどから人づてに聞い**

たり、スタッフが「うちの自慢」として伝えたりするのがいいでしょう。

本来は、このような情報は耳から入ってくるのが一番よいのです。しかし、それだとなかなかうまく伝わっていかないかもしれません。スタッフさんの高いコミュニケーション能力も求められるでしょう。

ちなみに、小鉄さんではどのように伝えているかと言うと、毎月「かわら版」というニュースペーパーを制作していて、その記事や漫画の中でこうしたこだわりを伝えています（一応この漫画は私が毎月担当しております）。

Switch 25

お題

お客さまの予想をはるかに上回るこだわりを伝える

あなたがとことんこだわっていることは何ですか？

11

ほしいものはココにある！　善意で知らせたくなる交流会

磁石の動きって、不思議だと思いませんか？　S極とS極を近づけても、お互いに反発して離れようとするのに、S極とN極になるとまったく違う動き方になります。離れているうちは何も反応しませんが、少しずつ近づけていくと、ピクッと動いた瞬間にスッと吸いつくようにくっついてしまいます。

このイメージが浮かぶクチコミスイッチがありました。

司法書士の桐ケ谷淳一さんと藤原香奈さんが中心になって開催している交流会があります。主催は横浜でパーティーやイベントを開催している横浜ベイサークルさんです。「士業」をしている方同士が交流するための「士業交流会」です。２０１５年1月に第1回がありまして、当初は定員30名でしたが、それをはるかに超えた人数が集まりました。

この会ではどのようにして人が集まったのでしょうか。

まずは主催者が知人に向けて開催の案内をしていきました。そして、参加者が集まり出すと、そこからクチコミが生まれていったようです。「私の知人で、参加したい方がいるのですがいいですか？」というパターンで、参加者が増えていったそうです。

参加者さんの多くが、「士業」と呼ばれる業種の方々です。行政書士、司法書士、税理士、弁理士など。**この業界は横のつながりが大事なようで、自分だけでは対応できない案件の場**

合、より詳しい専門家とつながっていることで仕事がスムーズに進むからです。こうした士業同士のつながりは必要だけれど、それまでそういう場があまりなかったようなのです（地域性もあるのかもしれません）。

この交流会はパーティーではありませんし、お酒が出るわけでもありません。セミナーもなく、参加者同士が交流を図るだけのとてもシンプルな会です。

また、この交流会は、異業種交流会とはかなり違います。いわゆる異業種交流会は、自社のセールスや販路拡大を求める参加者が多くいるようです（誤解があるかもしれませんが、あくまでも私自身が数回参加しての感想です）。だれが来るのかわからないものですから、参加する目的が相手ではなく、「自分自身のメリット」になるのはごく普通のことでしょう。

それに対してこの士業交流会は、**同じような目的の仕事をしていて、お互いに協力関係を結びたいと思っている方々が参加者**です。販路拡大ではなく、必要な人が見つけられる場というスタンスなのもいいのでしょう。

この交流会で広がったクチコミは、あくまでも「**善意**」によるものです。**自分と同じようにつながりを求めている方が近くにいるから紹介する。紹介したらきっと役立てると思うか**

ら紹介する。そういう善意の広がりだったのです。

何かのテーマを持って**「つながりたい」という共通ニーズがある人々**は、近づける機会が見つかれば、磁石のS極とN極のようにスッとくっつき合います。そういう「場」を見つける・つくることがこのクチコミスイッチなのです。

このスイッチ、お店では応用が難しいでしょうか？

もしそう思うなら、それはあなたが呼びかけるメンバーになろうとしているからです。では視点を変えて、**場（会場）を提供する側**になってはどうでしょう？　そういう会のイベント会場として場を貸したり、一緒に主催側に回って参加者さんの取りまとめなどを行なえば定期的な開催も見込めます。定期的に団体利用が見込めるということです。

Switch 26

お題

「つながりたい」という共通ニーズのある方々が集まれる場をつくる

お互いに「つながりたい」方々とは、どんな方がいるでしょうか?

4章

「しくみ」で広がるクチコミスイッチ

1 禁断⁉「不幸の手紙」方式

本書はクチコミの本ですから、やはり、これに触れないわけにはいきません。

不幸の手紙。

ご存じですか？　この手紙が届いたら、指定期日内に複数人に同じ内容の手紙を送らないと不幸が訪れるというもの。今でもチェーンメールの形で存在しているみたいですね。

「不幸の手紙」は内容や使い方がよくありませんが、人づてにどんどん広がっていくものとして、これもクチコミの一種だと捉えることができます。やはりここにもクチコミスイッチが存在しているのです。

ちなみに、同じスイッチを活用した事例として有名なのは、２０１４年の夏に世界中に広がった「ＡＬＳアイス・バケツ・チャレンジ」です。

不幸の手紙とアイス・バケツ・チャレンジは、人が行動を起こす際の感情は違いますが、仕組みは同じです。

どちらも**次の人を「指名」する**のですね。不幸の手紙は手紙を送ることによって次の人を指名する。アイス・バケツ・チャレンジは氷水をかぶる動画の中で次の人の名前をあげて指名する。指名された人は続けるかどうか判断するわけですが、結果的に広がったからこそ、今ここで事例としてあげてもだれもがわかる事例になったわけです。

心の動き方については双方では違いがあります。不幸の手紙は「恐怖心」を煽ります。自分で止めてしまったら身近に不幸が起きるかもしれない。だから次の人への罪悪感を抱えながらも送ります（このやり方はマネしないでください）。

アイス・バケツ・チャレンジは少し違います（「まったく違う」とは言い切れないのが少しさみしいところです）。アイス・バケツ・チャレンジは寄付を募りながら、その病気の存在を広く世間に知ってもらうための企画でした。

寄付ですから、人が行動する感情の理由は**「善意」**だと思われます。しかし、参加する人に善意は必ずあると思うのですが、**少なからず恐怖というか世間的な強制力**も働いているでしょう。なぜなら、多くの人が見ている公開されている動画で指名されているのですから、何かしらのアクションをとらないと気まずくなります。

ここではこの企画に対する賛否の意見は置いておきましょう。しかし、**賛否両方があったからこそ広がった**というのも事実です。賛否の意見があると終わりのない議論が展開されます。何度も話題にあがるということです。あくまでもクチコミスイッチの視点ですが、何度も会話にあがるということはクチコミとしてはプラスの効果です。

こうして見ていくと、フジテレビの長寿番組だった「笑っていいとも！」のテレホンショッキングも同じスイッチだと見えてきます。番組内でゲストがお友だちを紹介して、次のゲストを呼びます（「友だちを呼ぶ」形式は後に変わりました）。

ここでは番組の企画ですから、必ず一人だれかを紹介するという強制力がありますが、不幸の手紙やアイス・バケツ・チャレンジと同じように次の人を指名するパターンです。

クチコミスイッチにするには、相手と「共通の話題」となることが大切な要素です。お店でテレホンショッキングと同じようなことをするのはハードルが高いでしょう。しかし、相手を「指名する」というスイッチはパワフルな販促策になる可能性がありますから、頭の片隅には入れておきたいものです。

私ならこんな作戦を考えると思います。

カードを用意してお客さまに渡します。そのカードにはこのような内容を記載しておきます。「二人で行なうと体と心が軽くなる。秘密のストレッチ方法」「□□な人にしてあげると喜ぶ○○」のような内容。お客さまに次の人を指名するような強制はしたくありませんし（企画によってお客さまがノリノリでやってくれるならＯＫ）、恐怖心を煽るのもいやですので。ですから、**二人で実践することで役立てたり、楽しくなれたりするような情報**をお伝えします。これも次の人（一緒に行なう人）をイメージして誘うものですから、指名のスイッチと同じしくみです。

Switch 27

お題

お客さまに「次の人を指名」して誘ってもらう

どんなことでなら次の人（誘う人）をイメージしやすいですか？

どんなことで誘う口実をつくれますか？

2 自動的に見込み客に渡っていくもの

横浜市港南区に、ある**業界に絞ったチラシ制作**を手がけ、クチコミで広がった会社があります。内田奈津子社長が率いる株式会社ライズサーチさんです。

絞った業界は、とてもニッチ。演奏家業界です。

元々はオペラ歌手を目指していた内田社長だからこそ、気づいた業界なのでしょう。「演奏会のチラシ屋さん」というサイトを立ち上げ、コンサートのチラシに絞って事業を興しました。そうすることで、7年間で3000件以上ものチラシ制作を手掛けました。失礼ながら、ライズサーチさんは大きな会社ではなく、スタッフは社長のほかに数名。その体制で年間500件もの依頼を受け、制作をしているのです。これはすごいことです。

それだけの数の受注を得るのに、とくに目立った広告はしていません。主にクチコミで広がっていきました。そこにはやはりクチコミスイッチが隠れていたのです。

演奏家業界は実は狭く、それぞれのつながりがとても濃いのだそうです。初めての方に会ってお話すると、共通の知人がいることが多いとのこと。これは、何を意味しているのでしょうか。**同じニーズを持った方同士がつながっているので、クチコミがとても広がりやすい状況**だということです。

内田社長はそういう方々を対象にチラシ制作をはじめました。そして、ここからがすごいのです。

演奏家さんは、コンサートが決まるとチラシを制作します。それが出来上がったらどうするでしょう？　当然、そのチラシを配布して集客をします。まずは自分の近しい人に配り、そして、知り合いの演奏家さんにも配るのだそうです。演奏家さんにもお客さんとして来ていただくため、集客のために渡すのです。**演奏家さん同士は、同じ業界の仲間であると同時にお客さん同士でもある**ということです。なるほどですね。

ここが内田社長の狙いです。

渡す相手が、「一般のお客さん」と「演奏家さん」では意味合いがまったく違います。演奏家さんにとっては、どちらも見込みのお客さまなので、大きな違いはないかもしれません。

しかし、ライズサーチさん側から見ると、まったく違うのです。何が違うかわかりますか。

ライズサーチさんから見ると、一般のお客さまよりも、演奏家さんに渡してもらうことに価値があるのです。なぜなら、チラシを渡された演奏家さんというのは、ライズサーチさんにとって次のお客さま候補なのですから。

ということは、チラシをつくると、自動的に次のお客さま候補にそのチラシが渡っているのです。自動的に拡散営業されているということなのです。

チラシをつくればつくるほど、自動的に見込み客に広がっていく。内田社長がこの市場を見つけたことが、3000件という数字につながっているのでしょう。

このスイッチをお店で応用するにはどうしたらいいでしょうか？

お客さまの知人には、似たタイプの人が多いものです。来店して、お店を気に入ってくれたお客さまの近くには、あなたのお店を気に入ってくれるお客さまがいる可能性が高いのです。その点を考えれば、応用は十分に可能です。

私ならこのように応用します。

例えば、お店で購入いただいたお客さまに対して、商品に加えて小さなおみやげを提供します。そこには「辛いモノが得意な方へ」とか「最近○○な方へ」といったラベルをつけておきます。すると、受け取ったお客さまは自分自身がそれを必要としていたら自分で使うと思いますが、そうではない場合はだれかにプレゼントすることを考えるでしょう。

ポイントは、**「○○な方へ」と対象を具体的にしていること。**こうすることで、受け取ったお客さまは「これは○○さんにいいかも」と想像をすることができます。対象を具体的にせずに「プレゼントです」としても、イメージがわきにくいものです。渡す相手がイメージしやすくすること、これが大事です。そうすると、見込み客に伝わっていくでしょう。

Switch 28

自動的に、見込み客に渡っていくツールを提供する

お題

あなたのツールはどんなお客さまに渡っていってほしいですか？

3 「自慢ネタ」が、商品の中に埋め込まれていたら？

先ほどの「演奏会のチラシ屋さん」がクチコミで広がっていった背景には、さらに大事なスイッチが隠されています。こちらは少し難易度が高く、頭をひねらないと再現は難しいのですが、うまくやれば、自然に、自動的に自社の魅力を話してもらえるスイッチになります。

「情報」というのは、ただ広がってもあまり意味がありません。**「利用したくなる情報」でないと、力がない**のです。「どうして、そのお店やサービスがいいのか？」という魅力や選ぶ理由が合わせて広がることで、より強力なクチコミになります。

演奏会のチラシ屋さんが制作したチラシを見てみましょう。

例えば、左ページのようなものです。

きれいで雰囲気のよいチラシです。しかし、きれいなだけではないのです。この中にはクチコミスイッチが隠されています。では、演奏家さんが、別の演奏家さんにこのチラシを渡す時の会話を想像してみましょう。

第1368回札幌市民劇場
土井 泰志 ピアノリサイタル
HIROSHI DOI PIANO RECITAL
時空を越えた
J.S.バッハの精神
J.S.Bach
PROGRAM
J.S.バッハ
平均率クラヴィーア曲集
第1巻第4番 嬰ハ短調 BWV849
J.S.バッハ / ブゾーニ編曲
無伴奏ヴァイオリンのための
パルティータ第2番 BWV1004より
「シャコンヌ」 ニ短調
リスト
J.S.バッハのカンタータ
「泣き、嘆き、悲しみ、おののき」と
ロ短調ミサ曲「十字架につけられ」の
通奏低音による変奏曲
レーガー
J.S.バッハの主題による
変奏曲とフーガ ロ短調 作品81
Hiroshi Doi
Hiroshi Doi Profile
2015. 12/19 土
開場18:30
開演19:00
札幌コンサートホールKitara小ホール
札幌市中央区中島公園1-15
TICKET 2,000円（税込）全席自由
チケット取扱い

「今度、ピアノリサイタルをやるんです。ぜひいらしてください」と、チラシを渡す。

「お、ステキなチラシですね」

「ありがとうございます。タイトル通り、時空を超えるイメージなんです。現代から過去の曲を演奏するイメージです。白黒とカラーを組み合わせて現代に蘇るバッハを入れてくれたんです」

「へえ、なるほど。すごいですね。このチラシ、どこでつくってもらったんですか？」

おそらくこのような会話になるでしょう。大した話には聞こえないかもしれません。

しかし、この短い会話の中に「演奏会のチラシ屋さん」というサービスの魅力が伝わる要素が入っているのです。次にお客さまになってくれる人が増える内容が含まれているのです。

チラシを制作した側は、納品する時に、演奏家さんにきちんと意味合いを伝えるそうです。だからこそ演奏家さんはチラシを渡しながら説明できたのです。むしろ、デザインの意味を聞くと、それを人に説明したくなるみたいです。**「自分のことを現わしてくれた」という喜びもあるのでしょうね。認めてもらいたい欲求を満たしたからこその会話なのです。**

では、この話を聞いた側はどう感じるでしょうか。

「きちんと意味を込めてつくってくれるのだな」と、うらやましく思う方が少なからずいます。ですから、どこの会社でつくったのかを聞きたくなるのです。もし、この短い会話の中に「デザインの意味」が語られていなかったらどうでしょうか。きれいなデザインだとは思っても、わざわざ制作会社を聞く理由にはならないでしょう。キレイなチラシをつくってくれる会社は他にもありますから。

渡す側（演奏家さん）が「話したくなるネタ」を埋め込んだからこそ、自動的に話題になり、サービスの魅力と選ぶ理由が伝わっていったのです。

ちなみに、「演奏会のチラシ屋さん」では、特定のタイミングで特定の地域から依頼が集中することが多いのだそうです。秋田で依頼があると、続けて秋田から何件も依頼があったりするのだとか。チラシが演奏家さんの手を通して渡っていき、クチコミで広がっているのがわかります。

このクチコミスイッチはうまく活用できれば強力ですが、難易度は高めです。他のスイッチにチャレンジしながら、じっくりとアイデアをつくってみてください。

Switch 29

お客さまが自慢したくなるネタを商品に埋め込む（自社の魅力が伝わる内容で）

お題

どんな内容が伝わると、見込み客が選ぶ理由になりますか？

4 「ダブる」と、人はどうする？

私が小学生だった頃、「ビックリマンシール」が大流行していました。「ビックリマンチョコ」というお菓子についてくるキャラクターのシールです。「〇〇のスーパーには水曜日に入るんだって」という情報を聞きつけては、友だちと買いに行く。お店にはたくさんのビックリマンチョコが並んでいても、買えるのは一人3個まで。ようやく買えた貴重なビックリマンチョコのパッケージを開けて、シールを見る時のドキドキ感、これがたまらないのです。

「悪魔シール」だったらがっかり、「お守りシール」だったらまずまず、「天使シール」だったらうれしい。キラキラした「ヘッドシール」だったら、ガッツポーズです。

なかでも、シールを見てよりがっかりしてしまうのは、「ダブり」です。すでに持っているキャラクターのシールが出た場合です。そういう場合はどうするでしょう。**自分には必要ありませんから、友だちと交換するか、プレゼントするのです**（皆さんもしませんでしたか？）。

この行動をクチコミにも置き換えられないかと考えてみました。

2章7項でご紹介した、炭火焼鳥小鉄さんのお釣りの100円札の事例でも、これと同じような現象が起きていたようです。一人のお客さまが、お釣りとして100円札を1枚受け取る。そしてそのお客さまがリピーターとしてもう一度来店したらどうなるでしょうか。また、お釣りで100円札を受け取りますから、最初の100円札を使っていなかったら、お客さまのお財布には100円札が2枚になります。つまり、**「ダブる」**わけです。

100円札は、懐かしアイテムとしてクチコミになりやすいものです。人に見せた時に「いいなぁ」とうらやましがられたら、そのままプレゼントする方もいらっしゃったようです。

もちろん、その時には「どこのお店でもらったの？」「小鉄っていう焼鳥屋さんだよ」という会話がなされていたことでしょう。

つまり、「ダブり」が生じると、言葉だけでなくモノ自体が人の手に渡っていく可能性が高まるのです。

都内のリラクゼーションサロン、クイック24さんでも、同じような構造でクチコミスイッチをしかけました。

新コースを投入する際に、お渡しするチケットで「ダブり」を生じさせたのです。新コースのスタート期間中にご利用いただけたお客さまには、特別に次回もお得な価格で利用できるチケットを差し上げました。

ここでは、お渡しするチケットの枚数が重要です。1枚ではなく、5枚セットにしました。ポチ袋にチケットを5枚入れて渡したのです。そのチケットの有効期限は約1ヶ月半。**週に1回くらいのペースで利用すれば使い切れますが、多くの場合は一人では使い切れずに余ってしまう枚数です。**このチケットには、利用いただけるお客さまの制限はあえて設けていませんでした。**「どなたでもご利用可能です」と表記**しておいたのです。すると、何が起きたでしょうか？

まったくの新規のお客さまが、このチケットを利用して来店してくれたのです。このチケットはだれでも手に入れられるものではありません。**一度ご利用いただいたお客さまだけが持っているもの**です。

それをご新規さまが持っているということは……、クチコミでしょう。すでにご利用くださったお客さまがチケットを渡したと考えられます。それも、多くのご新規のお客さまがこのチケットを持ってご来店くださりました。

「ダブり」は、クチコミを通してアイテム自体が人の手に渡っていきます。

ただし、当たり前ですが、なんでもかんでも「ダブらせれば」いいのかというと、そうではありません。**お客さまがクチコミをしてアイテムを渡す理由は「自分が体験してよかったから」「この人ならきっ**

と喜ぶから」というものだけでしょう。

自分が感動するくらいよかった商品、相手が喜ぶと確信できるくらいいいサービスであるからこそ、「ダブり」は生きるのです。ここは忘れないでください。

さらに、このスイッチにはもうひとつ大事なポイントがあります。

「特別感」です。**そのお店に来店したお客さまだけにしか手に入らないアイテム。特別な条件を満たしたお客さまにしか手に入らないアイテム。**そういう「特別なアイテム」だからこそ価値が生まれ、クチコミも生まれます。**だれでも手に入るものには価値は感じない**のです。

Switch 30

特別感のあるアイテムを重複するように渡す

お題

どんなアイテムなら、特別の価値を感じてもらえるでしょうか?

5 コラボすれば、相手の知人にも自動的に届く

会員さま向けのニュースレターなどで、あなたが直接アプローチできるお客さまが200人いるとします。こちらのお客さまは何度もお店に足を運んでくださっている方で、リピーターさんです。お客さまとの信頼関係もできていて、何かしらのキャンペーンや新商品などのお知らせをすれば、積極的に来店して購入してくださる方です。

このお客さま方に、ニュースレターの記事としてあなたの近隣のお店が提供している一押しメニューをおすすめしてみたら、どうなるでしょうか？　ニュースレターをいつも楽しみに読んでくださっているお客さまなら、きっとその記事も読んでくれるでしょう。そして、その一押しメニューを体験してみたいと思えば、そちらのお店まで足を運び体験してくれるでしょう。さらには、再度あなたのお店に来た時に、「店長、ニュースレターに書かれていたお店行ってきたよ！」と報告してくれるかもしれません。

実はこれ、実際に私のまわりのお店で起こっていることです。**やはり信頼している人の情報は疑いを持たずに受け入れてもらえる**のです。

ここまで、ニュースレターの発行者の視点で考えてみましたが、これを紹介される側の視点で見るとどうなるでしょうか。**他人の信頼と媒体を使って、自店の告知ができる**ということになります。

これは、とてもありがたいことのはずです。ならば、お互いに紹介し合うのはいかがでしょうか？

お互いニュースレターなどの自店媒体に記事の枠を取って紹介し合うのもいいですが、書き方によっては商売っ気のある宣伝に見られてしまうかもしれませんので注意したいところです（お互いに紹介する場合は、本当に魅力的だと思う点について誠実に書きましょう）。

そこで、おすすめは、**コラボ企画**です。

2店、3店が合同でイベントを企画して、それを各店のニュースレターなどの媒体に掲載して告知するのです。例えば、「○○町の3店合同企画、スペアリブキャンペーン。あなたはどのお肉が好き？」などという企画。これなら全店で同時に告知をするのもスムーズです。

美味しいお茶を通して、お店をサポートします！

茶肆 YŌRAKU 葉楽

葉楽新聞

ようらく しんぶん 第34号 2015年7月

■発行 有限会社 葉楽
■TEL 03-3439-9780
■FAX 03-3439-2412
■MAIL youraku99@gmail.com
■紙面企画製作：株式会社はぴっく

リニューアルしました！

しばらくお休みしていた葉楽新聞ですが、太幅リニューアルをして再発行することになりました。

お茶の話をわかりやすく、楽しく伝えていけるといいなと思っています。お茶のファンが増え、好きなんはより好きになってもらえれば嬉しいです！

販促マスターのまきやさんの楽しく為になるコーナーもございます。どうぞ宜しくお願いいたします。

葉楽 五十嵐

こんにちは、葉楽に入社しました奈良です。お茶が好きで葉楽への入社を決めました。紅茶、中国茶はもちろん、コーヒー、お酒や美味しい物全般が大好きです。

営業として、お茶を通じて、お客様のお力になれるよう精進していきます。これからお会いするみなさま、どうぞよろしくお願いいたします。

2015年の「ダージリン 1St」はキャッスルトン茶園の茶葉を取扱い中！

今年も数種を試飲して決めました（ちょっと時期を逃しちゃいましたが…）。試飲した中では【キャッスルトン茶園】の風味が良く上品で高貴。のどを通るときの香りがすばらしかったです。

今回は「タルボ」「リッシンハット」「グーム」「ブッタボン」などの茶園のものも試飲しましたが、キャッスルトンのものが飲みなおしをしなくても良いくらいダントツの美味しさでした。


↑ダージリン1stの茶葉。紅茶好きも唸ります

同じ茶園でも、もっと美味しいものやいまひとつのものはございます。斜面の場所、摘む時の気候、加工の具合で変わってきますので、多少は違いがある農作物だと思って、それを楽しめるとよいですね。（逆に、スーパーに並んでいるような商品はいつも同じ味です ね）

知って お

葉楽新聞（裏面） ■有限会社 葉楽 ■TEL 03-3439-9780 ■FAX 03-3439-2412

販促の専門家が"こっそり"教える！ 店内販促のコツ。

POPの注目は吹き出し＆セリフでアップすべし！

せっかく商品POPを作ったのなら、お客さまに見て頂きたいですよね！その工夫を一つ。

「吹き出し」と「セリフ」で伝えてみて下さい。注目度が増して、見てくれるお客さまが増えますよ。

ココ

なぜ？ 「教科書とマンガの違い」のようなものです。教科書だと「文章を読む」意識で読むものですが、マンガは「見る」感覚です。読みやすいですし、目にも入ってきやすいんです。

右上のPOPには、他にも「しかけ」があるんです。それは次回以降に♪

しかける販促企画・ツール制作なら 株式会社はぴっく 興書屋実行（まきやまさゆき）

営業担当 奈良の『今月のグルメ』

こんにちは。このコーナーでは、僕が最近いただいた美味しかったものを紹介します。

『森喜酒造　純米大吟醸 るみ子の酒』 http://homepage3.nifty.com/moriki/

先月、ヨーロッパへ旅行にいってきました。旅の終盤、パリのドミトリーにて出会った日本人が家業として酒蔵をやっていたので、純米大吟醸を購入しました。

「深みのあるしっかりした味わいの酒を目指している」と話を聞いていたのですが、まさにその通りで、華やかな吟醸香がほのかにありつつ、辛口で飲みごたえのあるお酒でした。造り手の想いが味に反映されていて、とても美味しかったです。

こういった、人との出会いでご縁が生まれ、商品を通じて想いを伝えること、受け取ることは、飲食業の醍醐味の一つだなぁと思いました。自分もお茶を通じて、このような良い仕事をしていきたいと思います。

教えて下さい

●●の情報を教えてほしいなぁ

【Q】葉楽の営業担当がどんなことを教えてくれたらうれしいですか？

1～3分で済む簡単なアンケートです。下のQRコードを読み込むと、回答フォームが開きます。

＼お待ちしてます！／

もれなく無料進呈！

ご回答頂けたお店様にもれなく、「ダージリンのイエローティー（紅茶とは違う製法で作ったお茶）」のサンプルを進呈！

※1週間ほどで発送、または次回納品時に同梱。2015年8月末まで継続 数に限りがあります。予めご了承下さいませ。

さすが！

お茶クイズの答えは…

「一芯二葉（いっしんによう）」と言います。2枚の葉の間から、一つの小さな新芽が芯のように出ている状態のことです。

手摘みでお茶を摘むときに、推奨されている摘み方です。お茶摘みの機会がありましたら、ぜひチャレンジしてみてください。

すると、それぞれの信頼関係のあるお客さまに直接伝えられます。つまり、**自店とは直接つながりのないお客さまにアプローチできる**ということです。通常はクチコミとは呼ばない方法かもしれませんが、本書のクチコミの定義である「自分以外の媒体を通して自店の告知をする」という点はクリアしています。

ちなみに、弊社でも最近コラボをしています。

飲食店にお茶を卸している有限会社葉楽さんという会社のニュースレターの中で、弊社の企画を掲載してもらっているのです（前ページ写真）。葉楽さんは飲食店が主なお客さまで、弊社のお客さまには飲食店も多いですから、**顧客層が重なります。**そして、弊社は販売促進のネタ・ノウハウを多く持っています。これは葉楽さんのお客さまである飲食店にとっても、有効な情報になります。

そこで、葉楽さんのニュースレターの記事のひとつを弊社で担当させていただいているのです。これにより、弊社のことを知らないお客さまにも知っていただくことができているのです。

コラボをすると、相手方の信頼関係を通じてお店の告知をすることができます。発信する場としてはニュースレターでもいいですし、店内で配るチラシでもいいでしょう。

近くのお店とコラボできないか。どんな企画ならお互いに告知しやすいか。ぜひ考えてみてください。これは、きちんと合意すれば確実に情報が広がります。これは**「運」ではなく確実性のある方法**ですから、ぜひすぐにでも検討したいスイッチです。

Switch 31 お題
近くのお店とコラボしてお互いに発信する
どのお店とどんな企画だったらコラボしやすいでしょうか?

5 定期的に発信する媒体のネタになるには

今や個人でメディア発信する人が多い時代です。ブログやFacebook、インスタグラムなどを使っている人が多いでしょう。なかには、定期発信をしている人々もいます。

例えば、「Youtuber(ユーチューバー)」と呼ばれる人々は、自分のYoutubeチャンネルにたくさんの動画を公開しています。そして、ファン(チャンネル登録者)を持っています。

また、定期的にグルメブログを更新している人もいて、その更新を楽しみにしている人もいます。つまり、個人のメディアであっても、ファンがついている場合が多くあるのです。

このような**ファンを持つ人の発信ネタになれないでしょうか。なれたなら、一気にたくさんの人に知ってもらえます。**

私自身のことですが、ビジネス動画のYoutuberであるキミアキ先生という方に紹介いただいたことが数回あります。キミアキ先生のチャンネル（キミアキ先生の起業酔話）には登録者が1万人以上いて（2015年8月時点）、中小企業の経営者に大人気のチャンネルです。

ここで取り上げていただくと、1000回単位で再生があります。私のことを一〇〇〇人に知ってもらえるチャンスになるということです。実際に動画がアップされてすぐに問い合わせをいただきました。さらにありがたいのは、このような発信は後にも残ることです。2年ほど前に公開されていた動画を見て、弊社に問い合わせをしてくれた方も実際にいらっしゃいます。とてもありがたいことです。

また、私の知り合いにポットキャストの番組を持っている方がいます。ポッドキャストとは、音声版のYoutubeといえばいいでしょうか。音声番組をネット上に公開するものです。個人でもつくれるラジオ番組ともいえるでしょう。

その方は、「超ブレイク塾株式会社」の西澤一浩社長です。西澤社長も、ビジネスをテーマにした「笑うビジネスマン」というラジオ番組を運営していらっしゃいます。西澤社長が一人でトークする回もあれば、ゲストを呼んでノウハウを聞くという回もあります。そこに声をかけていただき、私もゲスト出演させていただいたのです。

その番組のリスナーさんは、当然私の知り合いではありません。聞いてくださるのは超ブレイク塾のリスナーさんです。その方々に聞いていただけることはありがたいことです。実際に、公開から1年以上たった後、あるイベントでお会いした参加者さんに「あの回のポッドキャスト聞きました」と言っていただけたこともありました。やはりうれしいものです。

このように、**何かしらのパッケージをつくって定期更新している人は、必ずネタを探しています。**そのネタになればその方のファンに届きます。ただし、ネタは自分のアピールではなく、相手の役に立つ情報でないといけないという点は気をつけてください。

Switch 32

お題

定期的に発信する媒体を持っている人のネタになる

あなたの身近にいる発信者はどんなネタをテーマにしていますか？

7 「オリジナルクッキー」と「ニュースレター」の共通点

次の2つの販促ツールには、ある共通点があります。何かわかるでしょうか。

①オリジナルクッキー
②ニュースレター

①は、私の前著『お客さまの記憶に残るお店のリピーターをつくる35のスイッチ』が刊行された際に、本のクチコミ販促用に制作したオリジナルクッキーです。②は私が毎月発行しているニュースレターです。どちらも、私自身が実践しているしかけです。この2つにはどんな共通点があるでしょうか？

まず、どちらもオリジナルでつくったものであることです。

しかし、それが本項のポイントではありません。クチコミスイッチに関して、応用のきく共通点があるのです。では、これらがどのようにしてクチコミになったかを説明していきましょう。


まずは1つ目、オリジナルクッキーについてです。

こちらは本の刊行時の販促ツールで、私の手書き文字をクッキーにプリントしたものです。それをポチ袋に入れました。

大事な点は、このクッキーの活用方法です。こちらのクッキーは私が使うためのものではありません。私ではなく、出版社さんに活用していただくためにつくったものなのです。何のためでしょう。そこが重要です。

書籍は、出版社の営業マンが本屋さんを回って営業活動をします。ただし、ここにはひとつ、大きなハードルがあります。それは、「営業時に、話題にあがらないことがある」ということ。営業マンが本屋さんを訪問するのは、本屋さんの営業中ですから店員さんは忙しいのです。すると、お話できる時間がとても短くなります。優先度の高い本から紹介することになりますから、著書が話題にあがらない可能性も出てくる。せっかく編集者さんと共に、精魂込めてつくった本なのに、それはとても悲しいことです。著者としては、なんとか紹介だけでもしていただきたいのが本音です。そこで、クッキーの登場です。

あのクッキーは、出版社の営業マンさんにお渡しし、本屋さんに持って行ってもらいました。このクッキーを本屋の店員さんに渡すと、どんな反応が起こるでしょうか？「これ、何ですか？」となるでしょう。そうなったら狙い通り。「この本の著者がつくってきたんです」という会話から、**必ず話題になり**、私の新刊の紹介につながるはず。実際に注文してくれるかどうかは、その後の本屋さんの判断なのでお任せですが、まずは注文するかどうか判断してもらうための土俵に上がることが狙いだったのです。

営業マンさんからすると、荷物が増えてしまったので面倒だったかもしれませんが、快く対応いただけました。発売1ヶ月で増刷が決まったのも、このクッキーの効果があったのだと信じています。

そしてもうひとつ、ニュースレターについて。

こちらは弊社が毎月発行しているニュースレターです。弊社のクライアントさんとビジネ

販促美人からの便り

売上作りは、しかけづくりからはじまる！

販促美人 検索

2015年5日1号 Vol.62 発行：株式会社はぴっく

今月のテーマ

[TOPICS] ホームページをガラリと変えました。

HPの考え方を180度変えたら、成果が出た。

[販促イベントカレンダー] 6月・7月

[販促マンのコツ] お客さまは4つの視点で動かす

[接客豆ちしき] なぜ「七夕＝たなばた」って読む？

[お店サポート本] 起業本の大ベストセラー

TOPICS ホームページをガラリと変えました。

5月に弊社のホームページの「**見せ方**」をガラリと変えたんです。（詳しくは下↓の画像を）まずは見せ方、いや、**お客さまからの見え方**を変えました。考え方としては180度真逆にしたつもりです。中身のコンテンツはすぐには変わらないですが、それでも、見え方が変わるとお客さまの動きも変わるものです。中身は新コンテンツでじわじわと変えていきます。

HPの考え方を180度変えたら、離脱率が9.3%下がった！ ©はぴっく まきや

《Before》自社サービス中心

《After》販促ネタ・集客ノウハウ中心

ホームページは会社のもの？ それとも…？

自分自身に、こう問いかけてみたんです。その結果、これまで自社サービス・商品案内を中心にしていたモノを、お客さまへのお役立ち情報として「お店や商売に役立つ販促ネタ」中心に変更しました。

「販促事例・集客ノウハウ１０００連発」と題して、販促事例がたくさんあるページにしました（実際には、まだネタ数６００ほどです。連発中ってことで）。

すると、離脱率が9.28%下がった！

（Before：57.93% → After：48.65% 9.28%改善！）

まだ手付かずの部分が多いので、もっと改善できそうです☆

販促に使えるイベント

6月（水無月）

[日次イベント]
・父の日（21日）
・夏至（22日）
・女子サッカーWカップ（6日～）
[季節がら]
・衣替え ・ジューンブライド
・梅雨 ・お中元
[誕生石] 真珠 ムーンストーン
[誕生花] バラ グラジオラス

7月（文月）

[日次イベント]
・七夕（7日）・海の日（20日）
・土用の丑（24日）
[季節がら]
・海開き ・夏休み
・お中元
[誕生石] ルビー
[誕生花] ゆり トルコ桔梗

これを試して！

何のため？
誰のため？
を考える。

左の例は、どこの会社・お店にも当てはまる考え方ではありません。でも、「何のため？ 誰のため？」を考えずに、ただHPを作っているのはもったいないですね。

裏面は…販促マンの企画の立て方→

づくりのコツ。 ©はぴっく まきや

で動かすのだ！

売上アップです。でも、お客さまのお財布から直接お金 。お客さまの**何かが動かないと**売り上げは上がらな 促なのです。

視点2 手足を動かす！

一歩足を踏み入れてもらえば、一度商品に触れてもらえば、お客さまにいろんなことを感じてもらえます。

視点4 頭の中を動かす！

どういうこと？

お客さまが、自分の頭を通して考える。すると、魅力をもっと理解してもらえます。自分なりの回答も作りだしてくれます。

す「しかけ」をつくって、売上を上げることだ。

で読む？

ばた）」や「棚幡」と表記 お盆行事の一環でもあり、 の夕方であることから7日 」と発音するようになっ より。

歩を踏み出そう

マイケル・E・ガーバー 著

「起業本としてアメリカの起業家から熱狂的な支持を受けている」そうです。実際に読んで感じたのは「もっと早く読んでおきたかった」ということ。労働者ではなく、起業家として、経営者として仕事をしていくための心構えと考え方が詰まっています。仕事に追われている企業家・経営者にはぜひ読んでほしい本です。

[後記] ふ

※この販促ニュースレターは、ひな形として㈱はぴっくより無料提供しています。よければご利用ください。「はぴっく ニュースレター」で検索！

では、6月・7月も儲かりますように☆

スパートナーさん向けにお送りしています。
実はこのニュースレターは印刷してお送りするのが原則ですが、弊社のホームページ上でも公開していまして、だれでもデータをダウンロードできるようになっています。ニュースレターをPDF化したものだけではなく、パワーポイントの生データもそのままダウンロードできるようにしています（2015年8月現在）。これをひな形としてカスタマイズすれば、自社のニュースレターとして活用できるようにしているのです。おかげさまで、これまでに延べ500件以上のダウンロードをいただいております。

ご活用いただいている中で、直接私からニュースレターのデータを送っている先もあります。それは都内の会計事務所さんで、弊社のニュースレターをそのまま印刷し、自社のものと同封してクライアントさんに送ってくれているのです。クライアントさんは中小企業が多いようで、このニュースレターがきっかけになり、弊社にも数件のお仕事が生まれています。

では、話は戻って、この2つの事例の共通点は何でしょう。
それは**「相手が活用できるツール」を提供している点**です。クッキーは、出版社の営業マンさんが活用できるもの。本屋さんにも喜んでいただけたと聞きました。ニュースレターのひな型は、ダウンロードすれば自社ツールとして活用できるものです。

自分や自社でアプローチできる範囲はどうしても限られます。**だれかの力を借りることでアプローチできる範囲はぐんと広がる**もの。自分ではお届けできない方々にも情報と名前・商品を知っていただくことができるのです。

このスイッチのポイントをひとつあげるとすると、**そのツールを渡すことに相手がメリットを感じるかどうか**です。相手がメリットを感じてくれたなら、存分に使っていただけるでしょう。

Switch 33

お題

相手が喜んで活用してくれるツールを提供する

どんなツールならば人に渡してもらえそうですか?
それはどんな場面で渡しますか?

お客さまにも「同じゴール」を目指してもらう

私ごとですが、2015年の4月にある商材の企画をしていました。

消費者アンケートでお客さまのホンネを集め、「お店が失客する理由」をまとめたものです。内容には自信がありましたが、自社で商品化することには勇気が必要でした。つくり込むとなると、それなりの時間と情熱を注がないといけません。つくったはいいけれど、必要としてくれるお客さまがいなかったらどうしよう、と。

そこで、少しわがままな方法ではあるのですが、普通とは違った方式で購入者を募ることにしました。

「20名さま以上のご予約が集まったら商品化します！」

このように決めて、私自身の Facebook とメールマガジンで案内を開始しました。これが4月16日のこと。すると、はじめの2日間で8名の方にご予約をいただけました。予想以上の反響で「これはニーズがありそうだ」という手ごたえと共に、うれしい事実がありました。それは、これまでに私と接点のない方が予約をくださっていたのです。

私のFacebook投稿を見てすぐにご予約してくださった知人が、その投稿をシェアしてくれて、それを見た方がご予約をくださったのです。応援シェアをしていただけたこと、そして見知らぬ方からすぐにご予約をいただけたこと、どちらもとてもうれしいことでした。

1週間ほどで、最初の勢いは落ち着いてしまいましたが、私自身のメールマガジンの中ではしぶとく告知をしていくと、少しずつご予約が増え、その方がまた応援シェアをしてくれるということが起きていました。そして、ご予約数が14名となり、残りが6名というところまで来た時、不思議な現象が起こったのです。

ゴールが近いということもあり、メールマガジンではちょっと気合を入れて告知をしました。すると、その日のうちに3名のご予約。残り3名となったことを翌日Facebookで告知すると、すぐに3名のご予約をいただけて、20名に達したのです。この場面でも応援シェアをいただいたり、「予約しました」というコメントをいただけたりと盛り上がりました。

本当にありがたい限りです。ゴールが近づくと動きが大きくなるものですね。改めて実感しました。

さて、この一連の流れの中でシェア（クチコミ拡散）をしてくださった方は、なぜしてくれたのでしょうか。ほとんどが予約注文をしてくれた方ですので、商品の内容には共感して価値を感じてくれている方々です。必要としてくれた方々です。しかし、商品に価値を感じているという理由だけではないはずです。

そこには、**「同じゴールがあった」**という見逃せない事実があります。

商品を発売する私の立場からすると20名さまからのご予約が必要。そして、すでにご予約いただいた方の立場からしても、「予約が20名に届かないと、商品を手にできない」という状況だったのです。

同じゴールがあったので、応援をしてくださったのでしょう。

なんとか20名さまに到達できて、ほっとしました。告知をはじめてから約1ヶ月の長丁場でした。**「出来レース」は嫌でしたので、本当に到達できるかどうか、私にも予測不可能でした**（元々到達見込みがあるのに、自作自演するキャンペーン演出は嫌いなのです。ウソをついて期間を延長したりするのも嫌でした）。**ある程度時間がかかったことで、思うようには進まずに生々しい状況が見て取れたからこそ、応援してくれたのではないか**とも思っています。応援くださった方々には改めてお礼を申し上げたいです。

お客さまに「同じゴール」を目指していただける仕組み。そして、応援をすることでお客さま自身にもメリットがあったり、ゴールに近づけたりするしくみ。今後、このようなパターンは増えていきそうな予感があります。何か新しくキャンペーンなどをする際には、このような形式も候補に入れてみてください。

Switch 34

お客さまと「同じゴール」を目指す

お題

何を実現したいですか？
それはお客さまにもメリットがありますか？

9 一〇〇〇人に伝えてくれる人は近くにいるか

ここまで、あまり強くは伝えていませんでしたが、クチコミのスイッチをしかけてうまくいった場合でも、その効果の大きさはさまざまです。

1回のクチコミで一人だけに伝わることもあれば、SNSで一気に何百人何千人に知れ渡る場合もあります。一人にクチコミされた時でも、「ふーん」と聞き流される場合もあれば、「それはすごい！　私も行ってみたい」と熱が高まり、すぐに来店に結びつく場合もあります。

クチコミは、「人が別の人に伝える」ための行動をすることですが、その効果の大きさには大きな差があるのです。

一気に一〇〇〇人に広がるクチコミと、一人にだけ伝わるクチコミ。

その違いは何でしょうか。やっぱり「運」でしょうか。

いえ、運ではありません。多少は運もあるでしょうが、とても大事な事実があります。

それは人によって「影響力の違い」があるということです。

誤解をしてほしくないのですが、**一人に伝わるクチコミが悪いわけではありません**。人の信頼を通して伝えてくれたのですから、とてもありがたいことです。そのことで集客につながることは大いにあります。**しかし、一気に一〇〇〇人に伝わるなら、それはやはり、お店**

側として、うれしいわけです。

ごく当たり前のことではありますが、ここについては改めて項目を割いておこうと思いました。例えば、芸能人がブログでお店のことを書いてくれたら、一気にたくさんの人に知っていただくことができます。かたや個人でひっそりとブログを書いている方が、同じ内容で書いても、ほとんど読まれていない場合があります。いい悪いは抜きにして、これは事実なのです。

実際に私も、その差を実感する体験をしました。ある販促ノウハウをまとめたファイルをつくり、ホームページから無料ダウンロードできるようにしました。それを私自身が告知していたところ、ありがたいことに、内容に共感してくれた方が一人、二人とFacebookなどで紹介してくれました。

その中にお一人、とても影響力を持った方がいらっしゃいました。その方がFacebookでシェアをしてくれた途端、一気に広がり、2日間で四〇〇人以上のアクセスが集まったのです。

それまで、広告を使ってアクセスを集める方法も試していましたが、広告だとアクセスは集まっても、その後、フォームに入力してファイルをダウンロードするという行動にはなかなか結びついていませんでした。ところが、その方がシェアしてくださって、ダウンロードの確率もグンと上がりました。その方経由だと予測される方のうち三〇人以上がノウハウデータをダウンロードし、同時にほとんどの方がメルマガの読者登録もしてくださいました（ダウンロードする時に、メルマガを受け取るかどうか選択する項目を設けています）。

四〇〇人中の三〇人以上ですから、ホームページにアクセスをした十三人に一人がダウンロードしてくれたということになります。

Facebook広告で告知をした時は、五〇人のアクセスに対し、一人がダウンロードしてくれるくらいの割合で低い数字でした。私のほうも、そのページの精度が高くないと思い、ちょうどページの改善も行なっていたところでした。それと同じタイミングでシェアいただいたので、正確な数字は測れないのですが、それでもかなりの反響力があったことは間違いないでしょう。

考えてみれば、当たり前です。**広告の場合は、だれかわからない人のサイトに行って自分のメールアドレスを入力するのですからやはり不安です。でも人の紹介で訪れた場合は「人**

の信頼」が通っていますから、不安というハードルをすでに越えているのです。

ですから、メールアドレスを入力するという行動もすんなりとしていただけるし、さらにはメルマガにも登録をいただけました。これも、人の信頼をお借りすることができたから実現したことです。I社長、その節はご紹介いただき、ありがとうございました（ここでお名前をあげるのは気が引けたので、イニシャルで失礼します）。

もうひとつ私自身の例です。弊社はご紹介でお仕事につながるケースも多いのですが、中でも同じ方から何度も紹介いただけることも多いのです。バンバンおすすめして紹介してくれる方に気に入っていただけると、いろいろなお仕事が舞い込んできやすくなります。

ちなみに、私自身はこうしたビジネスパートナーの方々には毎月ニュースレターをお届けしています。弊社のニュースレターに販促ネタを詰め込んでいますから、その内容を話材として使っていただけたらうれしいとも思いながら送ります。まずはその情報でお役に立てることが前提ですが、**その先に「この人はきちんとしている」という信頼を得るため**でもあります。

「この人に紹介してほしい」と思って接すると、いやらしさが出てしまいますが、影響力を持った人とお付き合いさせていただけるのはありがたいこと。そして、そういった方にも気に入っていただける「役立つ情報」を提供することが大事です。相手にとって役立つ情報を提供し、信頼を高めましょう。そして、その情報が別の方にも役立つと思っていただけたら、クチコミにつながります。

Switch 35

影響力のある人にクチコミしてもらう

お題

身近な影響力のある方は、普段どんなことをシェアしているでしょうか

5章

クチコミスイッチを押すコツのコツ

1 集客が変わった!「いいでしょ」の時代から「いいなぁ」の時代に

新規のお客さまに来ていただくための活動を「集客活動」という呼び方をします。その集客の意味合いが、2014年、2015年にかけて大きく変化しているように感じます。

まず、第一に、「いいでしょ」と商売人側が魅力やよさをアピールして集客していたのが、通用しなくなってきています。

これまでは、お店からの情報発信が集客の中心でした。折り込みチラシを入れたり、フリーペーパーに広告を掲載したり、ブログを頻繁に更新したり、ホームページを作成したり、ポータルサイトに広告を有料掲載をしたりと。これらに掲載される情報は、「お店中心でつくられた情報」です。

お店の魅力を存分に打ち出して「ウチっていいでしょ!」「この商品っていいでしょ!」というスタンスです。以前はこれでよかったのです。これで集客できていたのですから。なぜなら、ひと昔前は、お客さまが探して得られる情報源はこうした「商売人が発信した情報」ばかりだったのです。お客さまはその限られた情報しか得られなかったのです。

しかし、世の中が変わってしまいました。

お客さまが手にする情報源が大きく変わったのです。

自分自身が情報源にしているものを考えたらすぐにわかると思います。ひと昔前は新聞やテレビ、雑誌などのマスメディアが主な情報源だったかと思います。それがこの10年くらいでだいぶ変わりました。パソコンもさることながら、手元のスマートフォンで、多くの情報が得られるようになったのです。

ＩＴ技術が発達し、ブログが普及し、そして、ＳＮＳが普及しました。それによって、私たちが受け取る情報源ががらっと変わりました。この1、2年はその傾向がぐんぐん加速していると思います。

スマホの中には、いろいろな情報があります。もちろん、マスメディアの情報もあります。しかし、**注目すべきは「個人発信の情報」**です。ブログに書かれた情報、ツイッターに投稿された情報、Facebook に投稿された情報、LINE でやり取りしている情報など、私たち個人が発信した情報を受け取る機会が増えているのです。

気になるお店があった場合、スマホでちょっと検索すればそのお店を体験した人の感想が見つかります。気になる商品があった場合も、スマホでちょっと検索すれば、実際に利用した人の感想が見つかります。アマゾンや楽天で買い物する時も注文を確定する前に、ユーザー評価を気にしませんか？

そう、**ひと昔前とはまったく別の世界になった**のです。

お店が自店の魅力を全力でアピールした情報と、お客さまが自ら体験した生の情報、どちらのほうが信用してもらえるでしょうか。やはり、実際に体験したお客さまの生の情報でしょう。

「○○店の○○ケーキを食べています。こんなに濃厚でねっとりしているのは、長期熟成されたチーズをたっぷりと使っているからなんだって。久々に当たりだ！」

SNSでこんな投稿を見かけたら、どう思うでしょう。

「いいなぁ、私も食べたいなぁ」こんなふうに思う方がいるでしょう。知人の体験を見聞きして、「いいなぁ」とうらやましがる。自分も体験したいと願い、お店に行く。

これからは、こういうパターンがより増えていくはずです。もちろん、個人発信の情報を見た後に、正確な情報を得ようと公式のホームページなどを見る方もたくさんいるでしょう。そして多くの情報を得たうえで最終判断を下す。公式ホームページの情報はやはり必要ですが、**「行きたい」「買いたい」と願うはじめの一歩は、「個人発信の情報」での「いいなぁ」です。**それは今後もさらに増えていくはずです。

ですから、私たち商売人もそれに対応していくべきです。

対応しないお店は、これから集客が苦しくなる一方でしょうし、いち早く取り組んだお店は、ライバル店よりも一歩先に行ける可能性も高まります。

これからは**「いいなぁ」集客の時代**です。言葉を変えると、ズバリ「クチコミ集客」の時代です。本書のスイッチがより活きてくる時代になるでしょう。媒体にお金を払って広告していた時代から、無料でお客さまに宣伝してもらう時代になってきたのです。

クチコミは、まだお店に行ったことのないお客さまに「いいなぁ」という感情を引き出すことができます。お客さま同士が、対面で行なう直接のクチコミも大事ですし、ＳＮＳなどを通してのクチコミも大事です。直接のクチコミは強力に伝わりますし、ＳＮＳなどのネット情報は大人数に知ってもらうことができ、さらにデータとして残ります。

これからは「いいなぁ」の時代です。その波に乗れるかどうか。いや、乗ろうとするかどうか。この意志が大事なのではないでしょうか。

クチコミの技術については、本書で取り扱うスイッチで、かなりの部分をカバーしています（少なくとも、執筆時点では）。幸いにも、まだクチコミの技術を具体的にまとめたものはありません。ここまで具体的に、応用できるカタチにしてまとめたのは本書が初ではないかと自負しています。

ぜひ、いち早く取り組んで、波に乗っていきましょう。きっと、本書のスイッチはあなたの商売の役に立つはずです。

2 「話材」がなければ、クチコミは起きようがない

クチコミを考える時、「これをはずしたらクチコミは絶対に起きない」ことなのに、ほとんどの本に書かれていないことがあります。1章でクチコミの3要素としても紹介をしましたが、とても重要なことなので、再度改めて強調させてください。

「クチコミとは、そもそも何でしょうか」

これを忘れてはいけないのです。**クチコミは、人と人とのコミュニケーションです。もっとシンプルにいうと「会話」です。**この事実がとにかく大事です。これを忘れて「自分のお店のことをクチコミしてほしい」なんて願ったところで、うまくはいきません。

では、会話に必要なものは何でしょう。

ズバリ「中身」です。

中身がなければ、会話は弾みませんし、続きません。話の中身のことを、本書では「**話材**」と呼んでいます。話の材料という意味です。

例えば、

「こんにちは」

「はい、こんにちは」

というのはひとつの会話ですが、それ以上がありません。話材のない会話ですから、これ以上盛り上がりません。

ここに話材を追加してみましょう。

「こんにちは」

「こんにちは。昨日の雨はすごかったですね」

「昨日の雨がすごかった」という話材を追加しました。すると、相手も話を返すことができます。「本当にすごかったですね。うちの息子はずぶ濡れになって帰ってきましたよ」などと、自身の情報を付け加えて返すことができます。

会話の中に「話材」があると、話がひとつ盛り上がります。クチコミは会話ですから、この「話材」が大事なのです。むしろこの**「話材」こそがクチコミ**だともいえます。

他にも、「昨日行ったお店でのおいしかった料理」「先日体験した感動サービス」「見た目の珍しい商品」「相手にとって役立ちそうな話」なども話材です。話せば盛り上がる話の材料となります。

お客さまにクチコミをしてもらうということは、このような「話材を提供すること」なのです。この視点をはずしてしまっては、クチコミは起きないでしょう。

お客さまに話材を提供すること。その話材の中で、お店のことや商品のことを取り上げてもらう。そして魅力が伝わっていく。これこそが売上につながるクチコミです。これを実現させていくためのスイッチが、クチコミスイッチなのです。

これは、本書を通しての肝の部分です。そして、クチコミ販促を行なううえでの肝です。絶対に忘れないでください。

3 まず、言葉をつくろう！

先ほども書きましたが、クチコミはコミュニケーションです。クチコミは会話です。そのために、会話の材料となる「話材」が必須。これは強くお伝えしたことです。
では、これからクチコミをしかけていくにあたって、どのようにしてアイデアを練っていけばいいのでしょうか。**自分に問いかける「いい質問」と「よくない質問」があります。**

あなたはこう考えてしまうかもしれません。

「どうすれば、クチコミしてくれるかな？」

残念ですが、この質問はよくない質問です。これでは、いいアイデアが出づらいのです。なぜなら、この質問について考える際に、中心になるのは我われ商売人側だからです。これは**販促全般についていえることですが、大事なのは「お客さま中心」で考えること。**お客さまの立場で、どんなふうに感じるか、どんな行動をしてしまうかと考えることです。

さらに、この質問はぼんやりしすぎています。これだと考える範囲が広すぎて答えが出てきづらいのです。

クチコミ販促でいえば、こんな質問を自分にしましょう。

お客さまは「どんな会話をするか」「どんな言葉を発するか」「どんな場面で話すか」。そして、それは「どんなことを求めて発言しているのか」、その時に「アイテムは必要なのか」、など。

お客さまがクチコミをする場面を、具体的にイメージすることです。

そのイメージが自然であれば、あなたのつくったクチコミスイッチは、うまく作用する可能性が高いです。お客さまをイメージしながらも「ちょっと無理があるな」と思う場合は、失敗しやすいでしょう。

クチコミスイッチをつくっていく時には、具体的な場面をイメージしていくのですが、いろいろな項目をそれぞれ細かく考えていくのは大変で難しいです。そこで、簡単にイメージするために、「言葉」に注目しましょう。**お客さまが発する言葉がうまくイメージできたら、他はすでに決まっているようなもの**です。

例えば、言葉というのはこういうパターンです。

2章10項で例にあげた「本の献本」の場合なら、「わざわざ（私のために）、○○してくれた」という言葉。これがひとつのパターンです。もちろん、お客さまが一言一句同じように発することはありませんが、同じような主旨で話すことは多いもの。ポイントは、こうした言葉を先にイメージすることです。この言葉が自然でない場合は、独りよがりの販促になってしまい、きっとうまくいきません。

「これなら自然にしゃべってしまうな」と思える言葉をまずはつくりましょう。これができればクチコミが起こる可能性はグンと上がります。本書内には、お客さまが実際に話した言葉がいくつも出ています。また、身近な人がどんなことをしゃべっているかも大きなヒントになります。このあたりを洞察するほど、あなたのクチコミの精度が上がるはずです。

4 ガリガリくんで納得! 2種類のクチコミ

数年前、発売からたったの3日間で大ヒットとなったアイスキャンディーを知っていますか? SNSを中心に一気に広がった商品です。アイスキャンディーなのに、普通の発想では考えられない味だったので大きな話題になりましたね。覚えている方も多いと思います。

そうです。「ガリガリ君リッチ コーンポタージュ」です。

2012年9月3日に発売し、売れすぎて3日後の9月6日には販売休止になりました。SNS上ではガリガリ君の話題を投稿している方が多くいました。そして、それらの投稿を見ていると、あることを発見しました!

それは、クチコミは大きく2種類に分けられるということ。

その分類はガリガリ君だけでなく、他のクチコミについてもいえることもわかりました。

ガリガリ君のコーンポタージュ味について、どんなクチコミ投稿があったか。ちょっと振り返ってみます。

「こんなもの発見！　アイスなのにコーンポタージュ味だって！」

「買った！　意外においしいよ！」

発売されて、まだ販売休止になる前に見かけられた投稿です。そして、販売休止になると内容が変わり、こんな投稿が見られました。

「ガリガリ君のコンポタ味、売り切れで買えなかった」

「3日で販売休止だって、すごいね」

4つのパターンでクチコミ投稿をあげてみましたが、これらはある切り口によって2種類に分けることができます。それがクチコミスイッチをしかけていく上でとても重要な切り口になります。

「販売休止前」と「休止後」という分け方もできますが、これだとお店で応用するのは難しいです。販売休止で話題になるのは大手企業で、中小や個人店では難しいからです。だれもが知っている存在でないと共通話題にならないからです。私たちがこれからクチコミのスイッチとして活用していくために、次のような2つに分けてみましょう。

【Aグループ】
「買った！　意外においしいよ！」
「ガリガリ君のコンポタ味、売り切れで買えなかった」

【Bグループ】
「こんなもの発見！　アイスなのにコーンポタージュ味だって！」
「3日で販売休止だって、すごいね」

このグループ分けは、どのような切り口で分けたものかわかりますか？　これがわかる人は、すでにクチコミ上手かもしれません。

ヒントです。「だれ」を中心にした話材か、この切り口で考えてみてください。

Aグループは「自分」を中心にした話材です。「(私が) 買った」「(私が食べて) おいしい」「(私が) 買えなかった」のはすべて、自分のことなのです。これは「自分ごと」です。

それに対してBグループはどうでしょう。話題の中心は自分ではなくガリガリ君にあります。「(ガリガリ君は)アイスなのにコーンポタージュ味」「(ガリガリ君は)3日間で販売休止」というのは、どちらもガリガリ君を中心にした話材ですね。自分ごとに対して、これは「他人ごと」です。

「自分ごと」のクチコミと、「他人ごと」のクチコミ。

これらは、大きく違うものなのです。ここはきちんと理解しておきたいところでもあります。1章で書いた通り、人が話すのは「自分ごと」77%、「他人ごと」23%でした。だから「自分ごと」のクチコミをしかけようというスタンスで進めてきました。ただ「他人ごと」にも長所はあるのです。

回「他人ごと」のクチコミのほうが広がりやすい

「他人ごと」のクチコミは、大きく広がる可能性があります。「アイスなのにコーンポタージュ味」という話材は、**独り歩きして広がっていけるもの**です。それに対して「自分ごと」のクチコミは広がりません。自分の行動や考えを中心にした話材ですから、聞いた人は同じことをそのまま話すことができないのです。聞いたクチコミに影響されて、実際に体験をした場合は話せますが、一気には広がらないものです。自分ごとの話題は基本的には話した人だけで止まるものと考えましょう。大きくは広がらないものです。

では、「他人ごと」のクチコミのほうがいいと思いますか？

それはちょっと早とちりです。もうひとつ大きな違いがあるのです。

□「自分ごと」のクチコミのほうがクチコミされやすい

人が話すことの大半は「自分のこと」です。他人のことはあまり話しません。ですから、本書でもこれまで書いてきたように、「自分ごと」の話材のほうがクチコミされる可能性がずっと高いのです。他人ごとの話材は、よほどインパクトがあったり、相手にメリットがあったりしない限り、あまりクチコミはされないものなのです。

「自分ごと」と「他人ごと」。どちらがいいとか悪いとかいうことではありません。

あくまでも「別もの」だという認識を持ってほしいわけです。クチコミスイッチをしかけていく時には、「自分ごと」の話材でクチコミを狙うのか、「他人ごと」の話材でクチコミを狙うのかをはっきりさせておかないとうまくいきません。

5 「ふ」と「へ」の間には大きな差がある⁉

50音順で並べると、「ふ」と「へ」はほんのひとつの順番の違いでしかありません。しかし、ことクチコミの話になると「ふ」と「へ」には、とても大きな違いがあるのです。

私は、面白いものやことを見つけたら、すぐに妻に話すのですが、こんな具合になることが多いです。

「ねぇ聞いてよ！　今日面白いことがあってさ！　かくかくしかじか……」

「ふ～ん」

「あれ？　面白くなかった？」

「……うん」

こういうことって、よくありませんか？　ありますでしょう（私だけじゃないはずです!!）。どうも私の話がくだらないみたいでして、妻も面白くない話だから、しらーっとしているし、ちょっと気を使わせているし、なんだか申し訳ない空気になったりします。

しかし、時には当たりネタがあって、

「へぇ〜！」

と、乗ってきてくれることがあるのです。

こうなると、話は弾みます。話し出した私も楽しくなります。

人は、人から認められたい生き物です。自分の話で相手が「ふ〜ん」としらけてしまうと次が続かなくて心苦しいもの。でも「へぇ〜」と乗ってきてくれれば話は弾む。そういうものです。


何かを話す時、「ふ〜ん」ではなく「へぇ〜」もしくは「はぁ〜！」「ほぉ〜！」と言って**もらいたいものです。話す前からそのイメージができる話なら喜んで話しますし、逆に、話しても「ふ〜ん」という反応だろうと予測できたら話さなくなります。**クチコミのネタを考える時にこの点はとても重要です。

お客さまがクチコミをした時に、「へぇ〜」という反応をもらえるかどうか。そういうイメージがわくかどうか。ぜひクチコミスイッチをしかける前にチェックしてください。

6章

クチコミ集客に超重要な8つの記憶

1 お客さまの記憶に残れば、それでいいのか？

ここで少し話をずらして「記憶」の話をさせてください。人の「記憶」の話です。お客さまに「リピーター」になっていただくには記憶に残ることが必須です。忘れられたら、リピート利用はしてもらえません。

勘の鋭い方はお気づきかもしれません。**記憶が活きるのは、リピーター集客だけではありません。クチコミ集客も同じです。**考えてみれば当たり前です。記憶にないお店のことをクチコミで話せるわけがありません。

また、お店のことはあまり覚えていなくても、体験したエピソードや、もらったおみやげを覚えていたお客さまがクチコミをしてくれたとしましょう。相手から「それはどこのお店？」「どんなお店？」と聞かれても、記憶に残っておらず何も答えられなかったら、絶対に集客にはつながりません。これはクチコミ集客にはならないのです。

そして、ここからが大事です。

ひと口に「記憶」といっても、記憶してもらえるなら何でもいいわけではないのです。残してもらうべき記憶には大切な要素が8つあることがわかりました。弊社で、WEB上で消費者アンケートを実施し、分析することでわかってきたことです。リピーターになっていただくためには大切な記憶要素が8つあるのです。

8つの記憶要素を知っているか知らないかでは、大きな差が出てきます。無駄な努力を続けるか、努力を確実に集客につなげていくかの違い。ぜひ頭に入れて常に意識してください。

2 客数アップ・売上アップにつながる記憶要素は8つあった!

まずは、実施したアンケートの概要について説明させてください。消費者アンケートは、2業種の利用者で実施しました。1つは飲食店の利用者さま向け。このアンケートでは「もう一度行きたいお店」と「どんなことを覚えているか」について聞きました。抜粋して200件の有効回答を分析しました。

2つ目は施術店の利用者さま向けです。リラクゼーションや整体院、エステなど施術を行なう業種の利用者さまに対してのアンケート。こちらでは「リピート利用したお客さま」「どんなことを覚えているか」の回答を抜粋して分析しました。分析に活用した回答は298件です。

消費者アンケートの結果

記憶の項目	飲食店	施術店
1　接客の好印象	○	○
2　店内の雰囲気	○	○
3　五感の体験（とくに香り）	○	○
4　具体的な素材やメニュー	○	
5　納得の理由	○	
6　ここだけ・私だけ	○	
7　専門家からのアドバイス		○
8　効果・技術		○

どちらも、直接的に「この記憶が残っていたからリピート利用する」というものではありませんが、リピーターやリピート意欲のあるお客さまの頭に残っている記憶がわかるアンケート内容です（そもそも、お客さまは感情によって来店を決定しますから、「○○の記憶が残っているからリピートする」というデータは取れません。別の切り口で把握したデータを基に判断するしかありません）。

2つのアンケートでは、業種の違いからいくらかの相違点も見られましたが、共通点も多くありました。

そちらを一覧にまとめたのが右の表です。飲食店の利用者で目立ったのが6つの記憶。施術店でも目立ったのが5つで、そのうち3つは共通でしたので、合計で8つの大切な記憶が浮かび上がったことになります。

では、それぞれの項目について、具体的に見ていきましょう。

3 サービスマンの人柄が「好き」「感動」を生む

まずは、サービスマンの「接客の好印象」について。消費者アンケートには、例えばこのようなコメントが寄せられました。

◎バーのオーナーがいろいろと融通をきかせてくれる
◎接客がよく気持ちいい
◎従業員の自然な振る舞いに安心できた
◎気遣いが素晴らしい。ちょっとしたプレゼントをくれる

◎いつも同じ人なので、気楽に行けて、何も言わなくてもしっかりほぐしてくれる

ここから、**「スタッフや接客」に関する記憶が残っている**ことがわかります。気持ちのいい対応だけでなく、特別感のあるサービスを受けたり、自分自身のことを覚えていてもらったりすると「感動」を生み、グンと記憶に残るようですね。逆に、接客対応が悪い場合も記憶に残りますのでご注意ください。

4 まず、雰囲気は「具体性」と「他との違い」がポイント

2番目は、「店内の雰囲気」です。

飲食店アンケートでは2番目に多く、施術店アンケートでは最も多くコメントが寄せられた項目です。例えばこのようなコメントがありました。

◎パリらしいモードな雰囲気と豊富な食材

◎古民家でおいしいふわふわのシフォンケーキが食べられる

◎アジアチックな内装
◎薄暗くて、雰囲気もよく寝てしまった
◎白いベッドが6台以上並んでいた

雰囲気については、パリ風・古民家・アジア風と**「まるで○○のよう」と表現できるものが具体的な記憶に残りやすい**ようです。

また施術店アンケートでは「薄暗い」や「明るい」といったコメントもあがりました。「白いベッド」というのは見た目ですね。「白いベッドが並んでいる映像」にインパクトがあって記憶に残ったのでしょう。おそらく茶色のベッドでは同じような記憶ではなかったと思われます。他店には見られないことも記憶に残るポイントです。

5 ヘタな理屈よりも五感の体験。とくに「香り」に力を入れるべし

3番目の項目は「五感の体験」です。こちらもアンケートであがったコメントから紹介しましょう。まず注目したいのは、これらのコメントです。

◎焼きたてのパンをいろいろと食べられるところ
◎アロマオイルの香りがよかった
◎香りがいい

これらはすべて、**「香り」**がキーワードになっています。「焼きたてのパン」というコメントから、お客さまが「香り」を感じているのがわかります。「アロマオイルの香り」はそのままですね。

「香り」については、脳科学マーケティングの本ではよく注目される項目で、**「香り＝感情に直結」「感情は記憶器官である海馬の隣に保管される」**とされているようです。難しいことは抜きにして**「香りは記憶に残りやすい」**ということです。

そして、その香りについても具体的なほうが記憶に残りやすいものです。前述の例では「焼きたての香り」です。「なんとなくいい香り」よりも、「○○の香り」と具体的なほうが記憶には残りやすいのです。

五感の体験について、他のコメントも見てみましょう

◎デザートのケーキがワゴンで、好きなだけ
◎ミルフィーユのような食感のトンカツが絶品
◎ピアノの生演奏が聴けてリッチになった気分がする
◎オルゴールが流れる味のある雰囲気が好き
◎ＢＧＭがとても落ち着ける

これらのコメントから何が読み取れるでしょうか。「ケーキがワゴンで」「ミルフィーユのような」という言葉から、**お客さまの頭には映像が残っている**ことがわかります。「たくさんのケーキが、テーブルまでワゴンで運ばれてきて、自分で選んだ」「ミルフィーユのように何層にも重なったお肉」の映像が思い浮かびます。

単純に「きれい」「美しい」という見た目も大事ですが、**具体的でないと記憶には残りづらいもの。「ワゴン」というモノがあったり「まるで○○のよう」という比較対象があったりすることで、見た目はより記憶に残ります。**また、他店でも見られるような見た目であれ

ば、そうそう記憶には残りません。**「ここだけでしか見られないこと」「具体的な言葉に置き換えられる見た目」**であると、より記憶に残ります。

次に、「ピアノの生演奏」と「オルゴール」「BGM」にも注目をします。こちらは音に関するもの、耳に入った刺激です。ただし、他のお店でも体験できるものではない**「ここだけ感」があるからこそ記憶にも残りやすい**のです。そして、具体的でわかりやすい音でもあります。BGMとして懐メロやジャズを流すのもいいですが、「ピアノの生演奏」はそれだけで話題のトピックになる要素です。「オルゴール」もだれもが知っているものでありながら、雰囲気を生み出すアイテムです。

こういった音に関する要素も、記憶には残ります。しかし、ご注意ください。お店の雰囲気をぶち壊してまでここに注力する必要はありません。施術店の場合は、一人で癒されに来ているのでお客さま同士の会話はありません。ですから、落ち着けるBGMに意識が向き、記憶に残ったと考えています。

5 ノートにメモして！　お客さまは具体的なメニューを覚えている

4つ目は、飲食店のアンケートで見られた項目「具体的な素材やメニュー」です。回答で一番多く見られたのは、「○○がおいしい」と、何かしら具体的なメニューをイメージしているものです。ここでもいくつかアンケートのコメントを引用してみます。

◎ミルフィーユのような食感のトンカツが絶品
◎パスタや前菜がおいしいし、季節ごとにフルーツが替わるパフェもボリュームたっぷりでおいしい
◎生パスタを食べられる店が近くにないので、また食べにいきたい

このように、**何かしら具体的なメニューをイメージしている**方がとても多くいました。お店全体の料理に対して「おいしい」ではなく、「○○がおいしい」をあげる方がとても多い点は注目したいところです。

ただし、お客さまは料理なら何でも記憶してくれるわけではありません。**インパクトの強いメニューだからこそ、記憶に残っている**と捉えるべきでしょう。先ほどの「五感の体験」や、次項の「納得の理由」を組み合わせることで、より具体的な商品や素材の記憶が残るようになるはずです。

7 愛されて来店につながるのは「納得の理由」

5つ目は「納得の理由」です。これは、「なんでおいしいの？」という質問の答えになるものであり、そして「なんでこのお店に行きたいの？」という質問に対する答えにもなります。アンケートのコメントには、このようなものがありました。

◎新鮮な魚介類が食べられる
◎嫌いな野菜でも、すごく新鮮で食べられた
◎焼きたてのパンがおいしいところ
◎揚げたての串カツを1本1本運んでくれる

これらはどれも飲食店の「鮮度」に関する記憶です。そしてこれらは2種類に分けることができます。

1つ目は**「素材の鮮度」**です。「新鮮な魚介類」「野菜が新鮮で」という言葉が表わしています。お店では新鮮であることを伝えるためにどうすればいいでしょうか？　単純に「新鮮です」と言ってもお客さまにはなかなか信じてもらえません。きちんと新鮮であることを証明すべきです。

例えば「朝獲れ野菜、〇〇農場から毎日直送」「漁港から直送しています！」など。**鮮度を伝えるなら、それを証明する情報を一緒に伝えましょう。**より納得度が高まり記憶に残るはずです。

2つ目の鮮度は、**「料理の鮮度」**です。「つくりたて・できたて」ということ。飲食店ではご注文に応じて調理することが多いですから、「つくりたて・できたて」というのは当たり前のことかもしれません。

ですから、「つくりたて・できたて」が活きるのは、通常はつくりたてが食べられないメニュー、または本当のつくりたてに価値を感じるメニューです。例えば「焼きたてのパン」。パンはお客さまの食事に合わせて1回ごとに焼くのは難しいですから、焼きたてには価値があります。また「揚げたての串カツ」は、本当の揚げたてがおいしい。1分1秒の違いに価値があるものです。コメントでは「1本ずつ運んでくれる」という点で揚げたて感が証明されています。

また、同じメニューでも、お客さまの目の前の厨房で調理されていたり、目の前で最後の仕上げをしたりすると、「つくりたて・できたて感」が増します。

鮮度は、お客さまが納得して価値を感じる要素であり、記憶に残る要素です。具体的に証明する要素と合わせて伝えてみてください。

また、他にもこのようなコメントがありました。

◎本場仕込みのご主人の打った讃岐うどんと天ぷらがうまい
◎無添加でスパイスをちゃんとブレンドしてあるカレーなのに安価でとてもおいしい
◎自家製パンとホイップバター

これらもお客さまが納得する理由です。どれも「プロの手づくり」に関するコメントです。おいしい既製品がたくさんある世の中ですから、自家製のおいしさには価値を感じるようです（既製品が悪いわけではありません）。ただし、自家製に対してお客さまが価値を感じるポイントもいくつかあるようです。

1つ目は、**「他店では既製品なのに、このお店では自家製」**という点です。うどんやカレー、パンについては自家製ができないお店も多くあります。だからこそお客さまは価値を感じます。どのお店でも自家製が一般的なメニューだったら、自家製には価値を感じてもらいにくいでしょう。「自家製お味噌汁」とか「自家製サラダ」という表記は見ないですね。

2つ目は、**「自家製であることは、隠さずにしっかり見せる」**という点です。職人的な考えだと「自家製は当たり前であり、そんなことは見せなくても食べればわかる」となるでしょう。それもひとつの考え方ですが、記憶に残りたいなら見せたほうがいいのです。

メニューにきちんと「自家製」と表記したり、「○種類のスパイスをブレンド」と表記して自家製を証明したり、つくっている様子を写真に収めてメニューブックなどに掲載したりと。また、お客さまの目の前で調理ができれば、それだけで自家製の証明となります。うどん店やそば店の店頭で、麺打ちが見えるようにしているのはわかりやすい例ですね。

8 とびきりの「ここだけ」「私だけ」の特別感は強力

6つ目の記憶「ここだけ」「私だけ」は、数は少ないのですが、来店に直結するものなので、取り上げます。アンケートの生コメントを見てください。

◎味がよい。ここでなければ食べられない味
◎生パスタを食べられる店が近くにないので、また食べにいきたい
◎おいしいのにあまり人に知られておらず、並ばずに入れる
◎めったに客がいないので、一人でマスターとゆっくりくつろげる
◎生野菜がおいしかった。会社の人を連れて行ったら、結構うけた
◎どのメニューの食事も大変おいしく、あまり人には教えたくないですね

これらは「ここだけ」「私だけ」というキーワードでくくれます。

このメニューはここにしかないもの、ここでしか食べられないもの、体験できないもの。そういう記憶に残ると、少しの**ステータス感**が得られます。「私はここでしか味わえないものを食べているんだ」「他とは違うお店なんだ」と。そういう記憶が残れば**人に自慢したくもなるし、また来店して同じステータス感を味わいたくもなります。**

もうひとつ、「私だけ」もキーワードです。こちらのほうが大事です。

よく「かくれ家」を売りにするお店がありますが、本当に自分しか知らないようなかくれ家だったら、そのお店にいる自分にステータスを感じます。**他の人は知らない名店のことを自分は知っている**のですから。

また、自分だけが知っているお店であることも大事ですが、そのお店の中で**「自分だけ」が優遇される**のもお客さまの優越感をくすぐります。お店に入った瞬間に「○○さん、いらっしゃい」なんて名前を呼ばれたら、特別な感じがしますよね。

「ここだけ」「私だけ」。この2つは意味合いは違いますが、どちらもお客さまの優越感をくすぐる要素です。

9 情報は専門家の視点で。お客さま自身のことを親身にアドバイス

次に7つ目の「専門家からのアドバイス」について。これは施術店に関する内容です。アンケートにはこのようなコメントが寄せられました。

◎自分の身体でどこがこっているかをアドバイスしてもらえたこと
◎ここが痛い場合は内臓のどこが悪い可能性があるなど、付帯情報を教えてくれた
◎最初に全身を見て体の歪みをチェックし、体の不調などをカウンセリング

施術店は専門技術を持ったスタッフにお客さま自身の身体を癒してもらうお店ですから、専門家としての立場が大事になります。ここで伝えるのは施術者の自慢話ではありません。「お客さまのこと」について話します。

お客さまが日常生活でどのような点に気をつけるといいか、などのアドバイスです。これは**お客さまの「自分ごと」になるので受け取りやすく、記憶にも残りやすい**のです。話しているのが**専門家だからこそ内容には説得力があります。**施術者の自慢話は、お客さまにとっ

ては「他人ごと」です。とくに、施術店はお客さま自身の身体のために行くお店ですから、お客さまは施術者のことよりも自分自身のことに興味があるでしょう（ちなみに、飲食店の場合は体験を味わうお店なので、料理人や素材にも興味が向きやすくなります）。

10 熱烈なファンをつくるには、結果を具体的に実感いただくべし

最後の8つ目は「効果・技術」に関する記憶です。こちらも施術店の回答でした。

◎担当の人がちょうどいい強さでマッサージしてくれた
◎終わった後、とても血行がよくなった気がしました
◎的確に痛いところがわかる

施術店はお客さまのことを癒す業種ですから、結果がよければ記憶にも残ります。また、「この身体の状態だと、普段こんなことをしていませんか？」などと生活習慣をズバリ当てられると、その**専門性の高さ・技術の高さへの信頼が高まります。**そして記憶にも残ります。

これについても、専門性が高いからこそできるのですが、話材はお客さまの「自分ごと」ですね。「何となくいい」ではなく、具体的な状態や具体的な場所などを記憶に残してもらうといいでしょう。

11 さぁ、あなたのお店はどちらのタイプ？

飲食店でも施術店でもない方も本書を読んでくださっていると思います。その場合、次の基準で参考にする記憶要素を判別してみてください。

◎お客さまが「体験を楽しむ」お店なら……飲食店タイプ
◎お客さまが「自分自身をよくする」ために行くお店なら……施術店タイプ

あなたのお店のタイプを把握して、８つの記憶要素を常に頭に入れておいて、お客さまと接してください。

これによって明日から売上が2倍になることはありませんが、**じわじわじわじわと効いて**

くるはずです。**遠回りをせずに、確実に効果的な記憶を残すための要素**です。

この記憶要素の内容をクチコミ本である本書にわざわざ記載したのは、やはり大事だからです。これからあなたはクチコミスイッチを押していくわけですが、その際はこれらの記憶が残る話材かどうか、チェックしてください。集客力が1歩も2歩も高まることをお約束します。

おわりに―― スイッチを120%活かすには

最後までお読みいただき、ありがとうございました。

いかがでしたか？

一番印象に残っているクチコミスイッチはどれですか？

すぐにでも試してみたいと思ったクチコミスイッチはどれですか？

「はじめに」でも、まず1つ試したいスイッチを見つけてくださいとお伝えしましたが、それは見つかりましたでしょうか？

最後に、本書の内容をより深く、そして実践的に活かしていただくために大切なことを2つ伝えさせてください。

① どうか「お題」に取り組んでください

各スイッチにはそれぞれ**「お題」**を設けています。これを設けたのには理由があります。

それは事例のマネではなく、「あなたらしく」スイッチを押していただきたいからです。

事例として掲載したものは、あくまでも事例です。そのお店や会社が、自社なりに工夫してつくり上げたものです（私も一緒に企画させてもらったものもけっこうあります）。それをそのままマネしても、期待通りの成果は出ないでしょう。なぜなら、あなたのお店のためにつくったアイデアではないのですから。これは本書だけでなく、他のビジネス本を読む時も同じです。

ですから、それぞれに「お題」を設けました。事例を読み、スイッチを理解してから、お題に取り組んでみてください。あなたのお店ならどうするかを考えるお題になっていますから、そこで**考えついたクチコミのアイデアは、きっと「あなたらしい」ものになっているはず**です。

また、本書は一度読んでおしまいではなく、クチコミアイデアを生み出したい時には何度も開いて使ってください。掲載した事例は最近のものですが、スイッチ自体は「人の心の動き」をベースにしているので何年たっても古びずに有効に使えるはずです。長く使っていただけるとうれしいです。

②　**販促には「売る力」はない**

私は「販促」という切り口で仕事をしています。だからこそ痛烈に感じます。「販促は万能ではない。販促はとても限られた範囲のもの」だと。

販促自体はモノを売らないし、売上を上げません。

販促にできるのは、**「お客さまの小さな行動を促すこと」**です。目線を動かして注目を集めたり、ちょっと手を動かしてサンプルに触れてもらったり、感情が高まるような伝え方をしたり、より記憶に残るような伝え方をしたりすること。

大きな方針や戦略、成し遂げたい目標や想いがなければ、販促はちっとも活きないのです。お客さまが動いてくれた中で、商品の魅力やサービスの魅力が伝われば売上は上がります。だから、ただやみくもに販促テクニックを駆使したり、自分本位に「売上を上げたい」と思って取り組むだけでは、販促はうまくいきません。お客さまに喜んでいただく・楽しんでいただこうと思っていないお店では販促は活きないのです。

逆から考えれば、きちんと戦略が整っていて、お客さまへの想いが確固たるものであれば、販促パワーはグングン増します。販促は「販売促進」のことですから、きちんと売れるはずのものを「もっと売れるように促進」するのは得意なのです。

本書で紹介してきたクチコミスイッチについても同じです。上辺のテクニックだけで売上が上がるほど、お客さまは甘くはありません。ぜひお客さまに喜んでもらいながらクチコミを生み出してください。

最後に、お礼を言わせてください。

実は、本書の企画が最初に持ち上がったのは約2年前のことでした。元々じっくりとつくっていく予定でしたが、当初の予定よりずっと時間がかかってしまいました。この間には、私自身の人生においてとても大きな出来事があったり、また時間をかけさせていただいた分、より多くのお店・経営者さんとお会いすることができたりして、本書の内容も幅広く深く生々しいものになったと思っています。

本書には、多くのお店・会社の生の事例を掲載させていただきました。快く掲載の承諾をくださった皆さま、ありがとうございます！　また、原稿を根気よく待ってくださり、素晴らしい本に仕上げてくれた編集担当の津川さん、ありがとうございます！

本書は、たくさんの方の協力をいただけたおかげで誕生しました。だからこそ、この本がたくさんの方の役に立ってほしいと願っています。どうかどうか、お役立てください。

最後の最後に、いつも近くにいてくれる家族にも。

家族が一緒に暮らせる時間は、長いようで実は短いみたいなんだ。時間を大切にして、たくさんおいしいもの食べに行って、たくさん楽しい所に遊びに行こうね。

いつも、ありがとう。

2015年8月

眞喜屋実行

著者略歴

眞喜屋実行（まきや　さねゆき）

株式会社はぴっく代表取締役　しかける販促マン
沖縄純血100%の神奈川県生まれ
1978年生まれ。横浜国立大学経営学部卒業。食品スーパーのオーケー株式会社、飲食業中心のコンサルティング会社、株式会社リンク・ワン等を経て独立。在職中に、定食屋・焼鳥屋・居酒屋・豚料理店・焼肉店に勤務し、店長・マネージャー職を歴任。3年連続で優秀社員賞を受賞する。
現在は「販促企画屋」として活動中。「しかける販促」をテーマに、飲食店・施術店・卸・スイーツショップなど幅広い業種に対して中長期的な売上アップを目指して実践サポートをしている。独自メソッド「お客さまを動かす4つのしかけ」「リピーターが増える8つの記憶」「お客さまが買うまでの、ある・なし・ある」を用いることで、より成果に直結する販促企画・販促物の企画制作を行なっている。
著書に『お客さまの記憶に残るお店のリピーターをつくる35のスイッチ』（同文舘出版）、『お金をかけずに売上を上げる［販促ネタ77］』（ぱる出版）などがある。
ホームページ「販促美人」には、販促事例や集客ネタを600以上掲載している。
ホームページ　http://haps.chu.jp/

お客さまがお店のことを話したくなる！
クチコミ販促35のスイッチ

平成27年9月23日　初版発行

著　者 ―― 眞喜屋実行

発行者 ―― 中島治久

発行所 ―― 同文舘出版株式会社

東京都千代田区神田神保町1-41　〒101-0051
電話　営業03（3294）1801　編集03（3294）1802
振替00100-8-42935
http://www.dobunkan.co.jp/

ISBN978-4-495-53231-4

印刷／製本：三美印刷
Printed in Japan 2015